TANIA ZAOUI

So einfach ist MODELLIEREN MIT TON!

15 MINIMALISTISCHE OBJEKTE FÜR EINE MODERNE EINRICHTUNG

CV

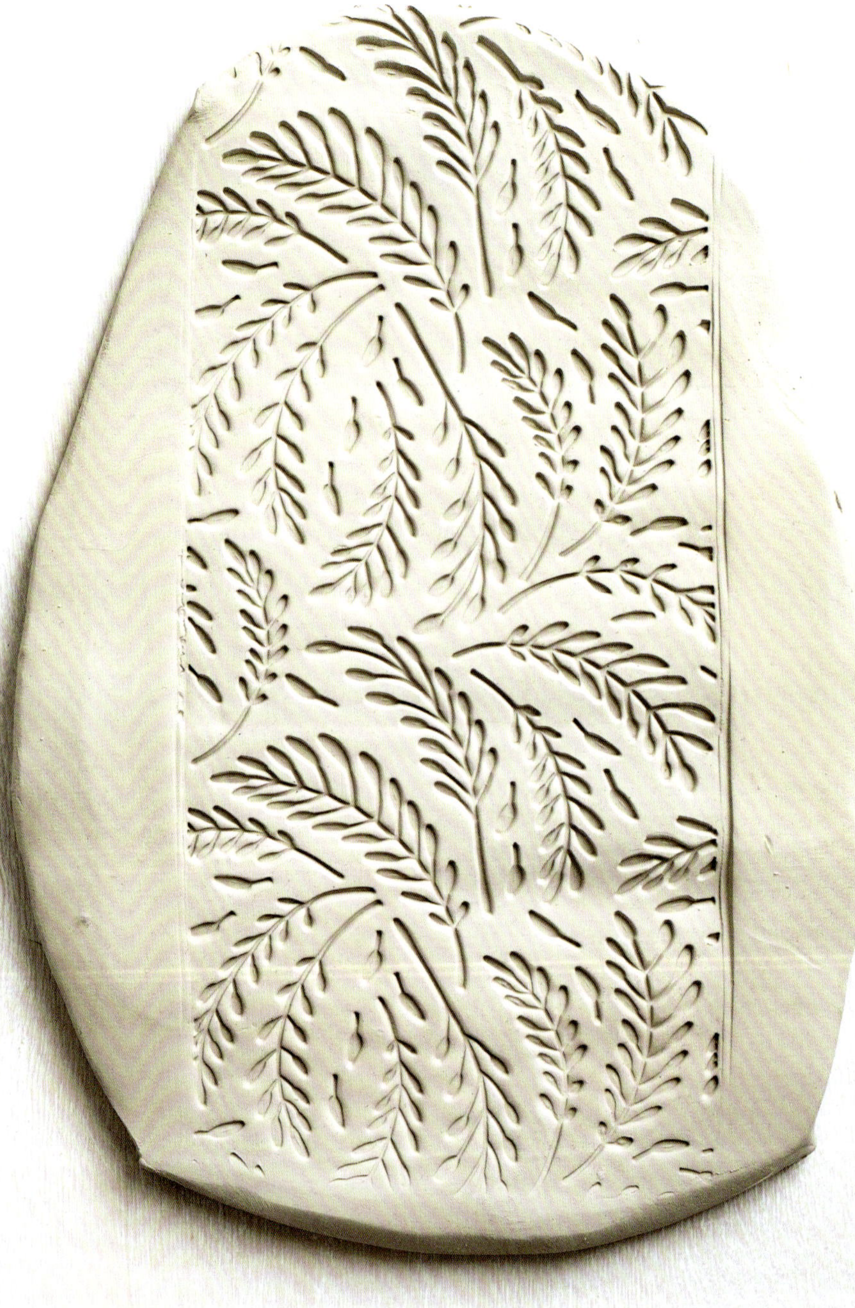

Während meines Textildesignstudiums habe ich parallel dazu auch die Patisseriekunst und das Keramikhandwerk erlernt.

Diese drei ganz unterschiedlichen Techniken miteinander zu verschmelzen hat mich sehr fasziniert ...

Worin gleichen sie sich? In der Arbeit mit dem Werkstoff: Ob Ton, Feingebäck oder Textilgewebe, alle drei Materialien verwandeln sich in Kontakt mit Wasser und Hitze, vor allem aber durch die sie bearbeitenden Hände. Erforderlich ist eine Art intelligentes Ertasten, getragen von der Lust am Erkunden und spielerischem Experimentieren, sei es mit Walzen, Holzmeißeln, Modelliermessern und/oder Spachteln ... oder mit welchen Werkzeugen auch immer.

Seitdem beschäftige ich mich mit dieser lebendigen, beseelten Materie, die auf unsere Finger anspricht. Ich erfreue mich an der Beschaffenheit, den Farben und Gerüchen und habe gelernt, sie zu verwandeln und zusammenzufügen.

Das bedeutet: sich konzentrieren, Demut lernen, scheitern, neu anfangen, aufatmen ...

Ich habe meine dreifache Passion als Lehrerin in Schulen und Gemeindezentren weitergegeben. Mit großer Begeisterung habe ich den Keramikboom miterlebt. Ateliers schossen dank eines lernwütigen und neugierigen Publikums wie Pilze aus dem Boden.

Schließlich gründete ich meine eigene Werkstatt, in der ich meine Ambitionen entwickeln und meine Techniken verfeinern konnte.

Ich freue mich sehr, diese Jahre des Experimentierens nun in einem Buch zu präsentieren.

Es wird Sie hoffentlich inspirieren und motivieren: Erleben Sie in einem Atelier in Ihrer Nähe mit anderen Töpferfreunden magische Momente beim Modellieren!

INHALT

Für die Küche

Fürs Wohnzimmer

Fürs Schlafzimmer

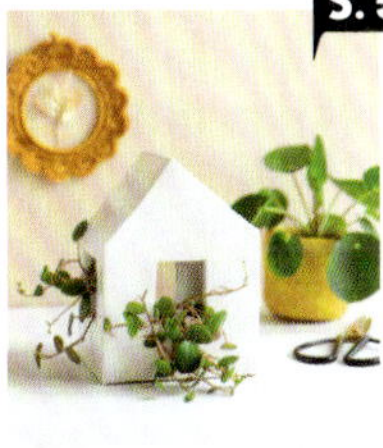

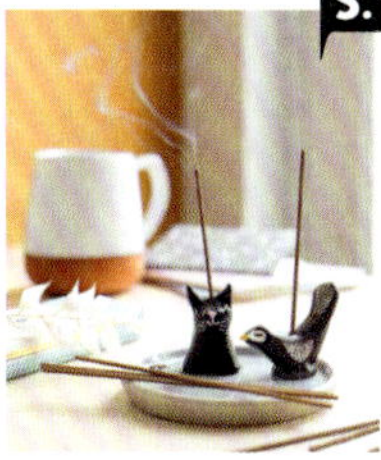

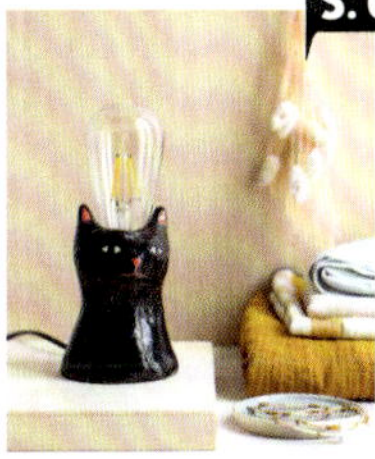

Fürs Bad

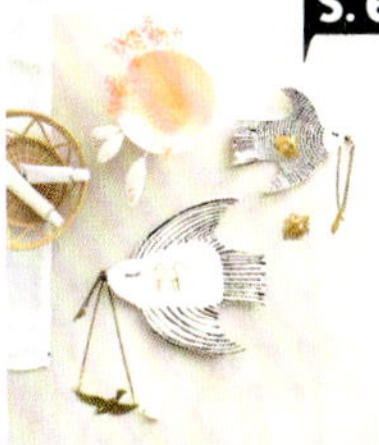

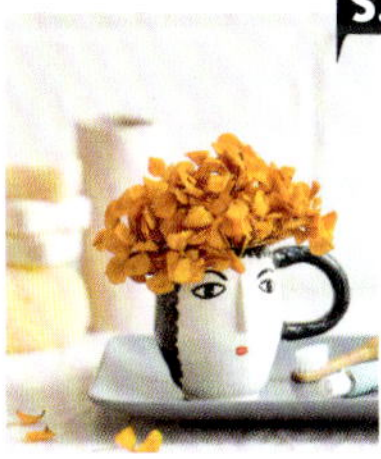

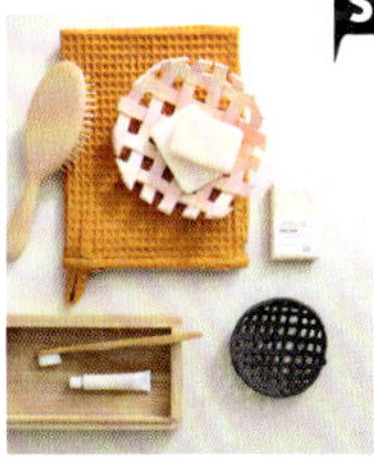

Fürs Büro

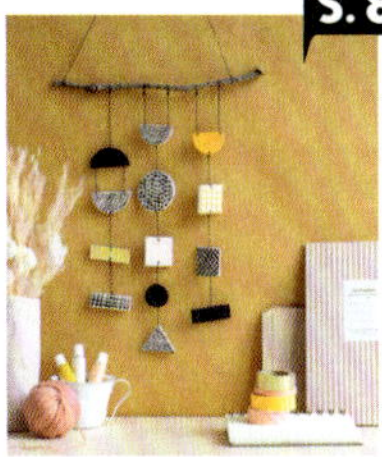

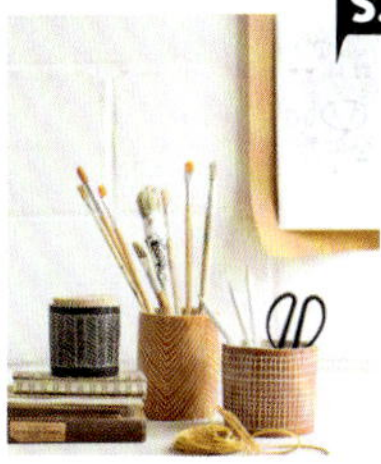

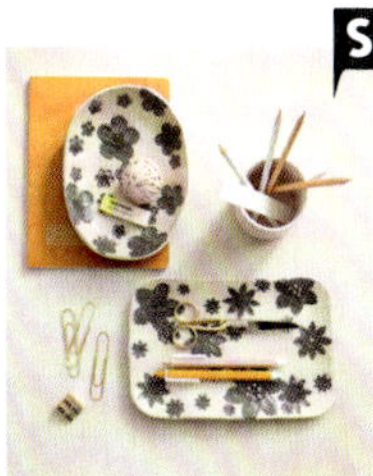

TONSORTEN

Keramik basiert in der Regel auf dem Bearbeiten von Ton. Steinzeug besteht, ebenso wie Steingut, Porzellan und andere Spezialmassen (hitzebeständige Tone, Kachelmassen etc.) aus einer bestimmten Tonart. Ton bzw. Lehm entsteht durch Erosion der Erdkruste, Niederschläge und Flüsse, die Felsen zermalmen und durch chemische Verwitterung in immer kleinere Partikel zersplittern. Die große Vielfalt an Tonen erklärt sich aus den verschiedenen geologischen Verhältnissen, durch die sich Ton- und Lehmablagerungen mit entsprechend unterschiedlicher chemisch-physikalischer Beschaffenheit bilden können.

TÖPFERTON

Töpfertone werden als klassische Tone bezeichnet, da sie am häufigsten verwendet werden. Die Brenntemperatur beträgt ca. 950 °C bis 1100 °C. Der kalkhaltige Ton wird weltweit für die Herstellung eines Großteils aller Keramikwaren verwendet, u. a. für Ziegelsteine, Dachziegel oder Rohre.

Die in Hobbyateliers meistverwendete Sorte ist der Steingutton. Dieser bietet eine große Vielfalt an Farben und Beschaffenheiten und eignet sich gut für den Brand im Niedrigtemperaturbereich. In diesem Buch verwenden wir hauptsächlich diesen Töpferton.

Niedrig gebrannte Tone sind etwas leichter zu bearbeiten, jedoch wasserdurchlässiger; deshalb werden sie auch »porös« genannt.

STEINZEUGTON

Steinzeugton wird bei ca. 1300 °C Brenntemperatur wasserdicht. Man findet ihn nur in bestimmten Gegenden, z. B. in Puisaye (Burgund). Hoch gebrannte, sog. verglasbare Tone, sind haltbarer. Bei ca. 1200 °C bis 1300 °C werden sie glashart. Man spricht dann von einem dicht gebrannten (Ton-)Scherben, d. h. der Ton ist nicht mehr porös, sondern dicht.

PORZELLAN

Porzellane sind Tone, die zwischen 1280 °C und 1400 °C verglasen. Es entsteht ein feinkeramisches Erzeugnis mit bemerkenswert weißem, dichtem und durchscheinendem Scherben und hoher Festigkeit; ein in der Natur zunehmend seltenes Rohmaterial.

Diese Liste ist nicht vollständig.

FARBEN

Ton ist in Weiß, Rot, Gelb, Schwarz, Pink, in Mischfarben und auch in Grün erhältlich.

Achtung: Die Farbe des Rohtons unterscheidet sich oft von dem Farbton, der nach dem Trocknen bzw. Brennen entsteht. Beim Kneten wirkt weißer Ton gräulich, schwarzer Ton bräunlich. Nach dem Vorbrand (sog. Schrühen) verändert sich die Farbe bereits, jedoch erhält sie erst nach dem Auftragen der Glasur und dem zweiten Brand ihre endgültige Tönung.

BESCHAFFENHEIT

Sie haben die Wahl zwischen Töpfertonen und feinschamottierten Steinzeugtonen. Die Schamotte ist entweder gebrannter und grob zerkleinerter Ton, der mit einem bestimmten Anteil Rohton gemischt wird, oder auch Vulkangestein. Schamottierter Ton wird nach verschiedenen Körnungen (0 bis 2 mm) klassifiziert und zu einem bestimmten prozentualen Anteil mit dem Rohton gemischt. Aus Töpferton und schamottiertem Steinzeugton lassen sich dickerwandige Werkstücke formen, die hitzebeständig sind. Das Risiko von Trocknungsrissen ist hier ebenfalls geringer. Die Haptik kann weniger angenehm sein, jedoch ist robusterer Ton ideal für Plastiken.

UNSERE EMPFEHLUNGEN

In diesem Buch verwenden wir folgende Tone:

Feinschamottierter Ton von Cultura. Im Handel als weißer oder roter Ton erhältlich unter der Bezeichnung »Argiles naturelles Créalia«.

Den weißen Ton (Blanche Créalia) gibt es abgepackt in den Mengen 1,5 kg oder 10 kg unter den Artikelnummern 3700408595463 und 3700408595449.

Den roten Ton (Terracotta Créalia) gibt es abgepackt in den Mengen 1,5 kg oder 10 kg unter den Artikelnummern 3700408595456 und 3700408595470.

Selbst härtender Ton von Créalia ist in Weiß, Rot, und Schwarz erhältlich. Es gibt ihn auch in Grün, Schieferfarben, Sandrosenfarben (gelblich-braun-rötlich), Schokoladenbraun, Kirschrot, Mintgrün, Violett und Mandarinfarben.

Der Ton trocknet schnell, kann mit Gouache- oder Acrylfarben bemalt werden und ist leicht zu glasieren.

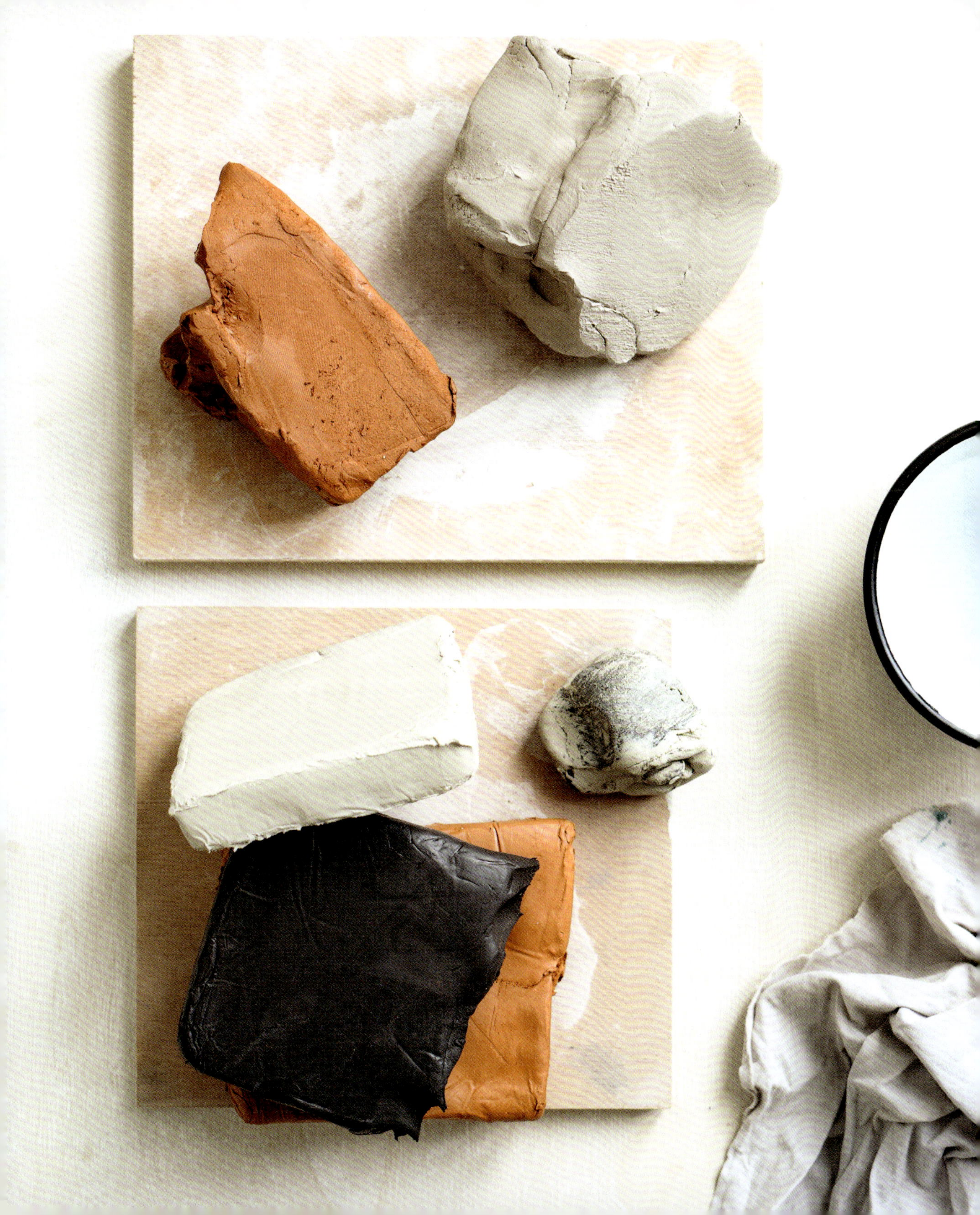

GOLDENE REGELN

Vorbereitung

Vor dem Formen bzw. Drehen auf der Töpferscheibe muss man den Ton zunächst schlagen und mischen. (Videos im Internet anschauen!) Selbst eine fertige Modelliermasse aus der Packung muss nicht immer homogen sein. Durch sogenanntes Widderkopfkneten erhält der von allen Seiten bearbeitete Ton eine dichte, weiche Konsistenz ohne Lufteinschlüsse, die Risse und Brüche verursachen.

Während des Modellierens

Vermeiden Sie beim Formen zu viel Wasserzugabe.

Um Risse zu vermeiden, besprühen Sie den Ton von Zeit zu Zeit mit Wasser.

Trocknen

Die Trockenzeit ist je nach Temperatur und Feuchtigkeitsgehalt des Werkstücks unterschiedlich lang; ausschlaggebend jedoch ist seine Größe. Der Gegenstand ist bereit für den Vorbrand (auch Biskuit- oder Schrühbrand genannt), wenn sich der Ton nicht mehr kalt anfühlt. Wenn Sie sich unsicher sind, warten Sie noch ein wenig: Je länger Sie warten, desto besser!

Wenn Sie an einem Werkstück später weiterarbeiten möchten, bedecken Sie es mit einem feuchten Tuch oder einer Plastiktüte, die am Ton haftet. Die Werkstücke sollten auf jeden Fall luftdicht abgedeckt sein.

GRÖSSTES ÄRGERNIS BEI KERAMIK: LUFTBLASEN!

Steigen die Temperaturen an, dehnt sich die Luft aus und drückt auf die Gefäßwände; dadurch können Partikel absplittern, und/oder es entstehen Risse oder Brüche.

Das Trocknen muss langsam und gleichmäßig erfolgen. Die Dauer ist abhängig von Größe, Form und Wandstärke des Werkstücks. Ein kleines, filigranes Objekt wird schneller trocknen als ein dickwandiges, massives Stück. Wenn einige Bestandteile schneller trocknen, entstehen Zugrisse.

Haben sich in der Tonmasse Luftblasen gebildet, so drückt die eingeschlossene Luft, die nicht mehr entweichen kann, auf das Material und sprengt es.

Sobald Sie während des Modellierens weitere Tonmasse verarbeiten, achten Sie unbedingt darauf, diese fest aufzudrücken. Wenn Sie kleine Blasen sehen, stechen Sie diese gleich mit einer Messerspitze oder einer Töpfernadel an.

Töpferwerkzeug und -hilfsmittel findet man überall im Haushalt: in der Küche (Strohhalme, Back- und Gießformen, Spieße, Ausstechformen); im Bad (Make-up-Pinsel, Schwämmchen aller Art); im Kleiderschrank (Spitzenhöschen, Nylonstrümpfe, Stoffe, die sich zum Aufprägen von Strukturen eignen); in der Natur (Muscheln, Blätter und Blüten); im Homeoffice (Kugelschreiber).

Glasieren

Nach dem Vorbrand müssen Sie das Werkstück unbedingt mit einem feuchten Schwamm abwischen, damit es schmutz- und staubfrei ist; andernfalls kann es Stellen geben, an denen die Glasur nicht haften bleibt.

Den Gefäßboden nicht glasieren und am besten vor dem Brennen mit einem Schwamm gut säubern, damit beim Brennen nichts anklebt.

Achten Sie stets auf saubere Schwämme. Lagern Sie außerdem Ihre Werkstücke immer getrennt, also schwarze, bunte oder weiße Objekte jeweils separieren und auch keine für den Brand fertigen Stücke und solche, die an der Luft trocknen, gemeinsam lagern. Ansonsten könnte es böse Überraschungen geben!

Lassen Sie sich im Fachhandel zu Glasuren beraten, die zu dem Ton passen, den Sie dort gekauft haben.

Holzspachteln nicht im Wasser liegen lassen: Dort quellen sie auf und werden schnell unbrauchbar.

Brennen

Auf der Verpackung von Ton, Glasuren oder Engoben ist die Brenntemperatur meist angegeben; falls nicht, fragen Sie im Fachhandel nach.

Wenn Sie Ihre Werkstücke aus dem Ofen holen, unbedingt auf die Finger aufpassen! Eventuell kleben die Werkstücke durch herabgelaufene Glasur an den Dreifüßen fest, auf denen sie beim Brennvorgang lagern. Beim Lösen besteht die Gefahr, sich am Gefäßboden zu verletzen, der so scharf wie Glasscherben sein kann.

Für den Feinschliff eignet sich Schleifpapier oder ein Dremel-Schleifgerät mit Diamanttrennscheibe (für kleinere Modellierarbeiten). Unbedingt Schutzbrille und Atemschutzmaske (FFP2) tragen: Es wirbelt feinster Glasstaub durch die Luft!

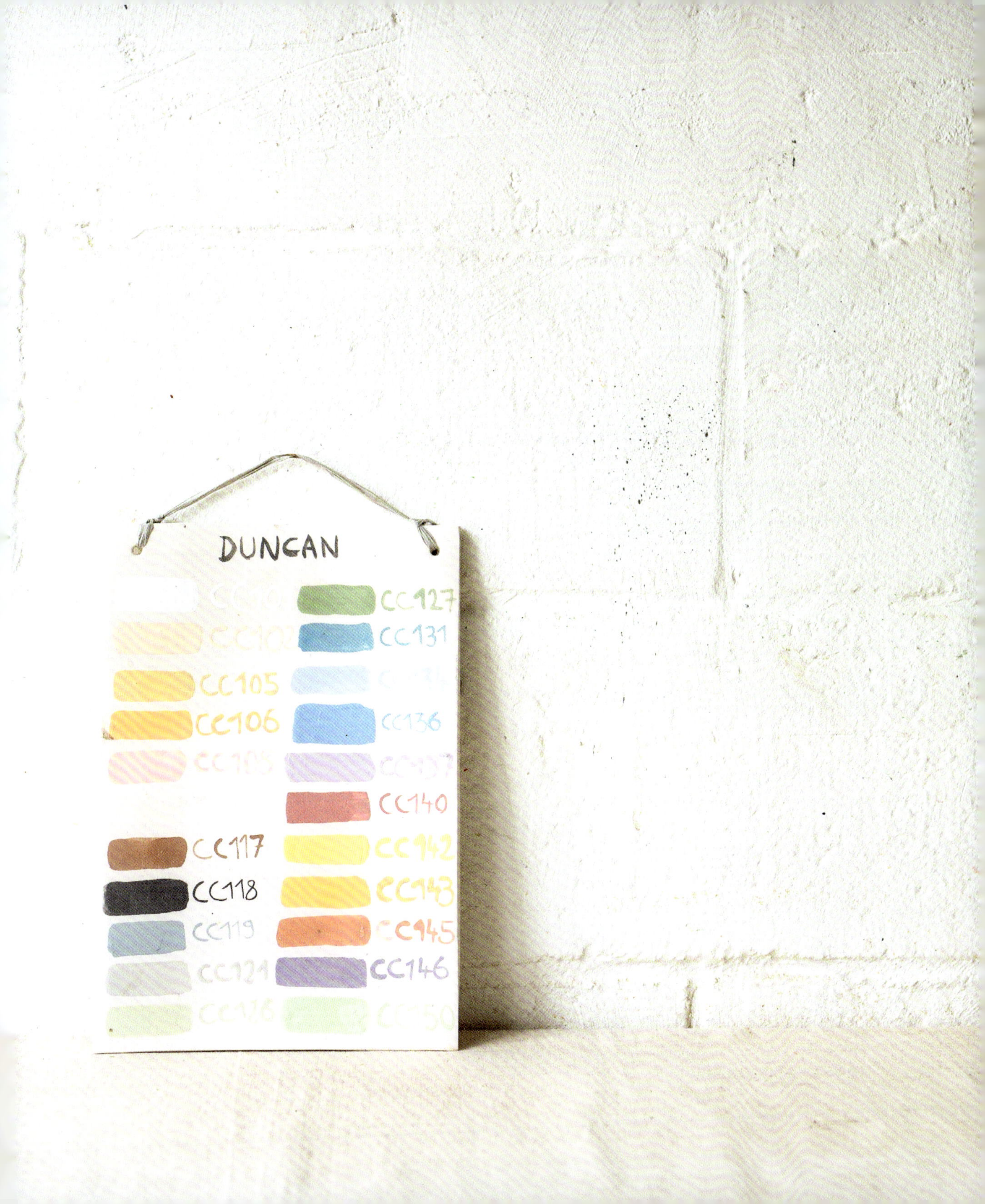
DUNCAN
CC127
CC131
CC105
CC106
CC136
CC140
CC117
CC142
CC118
CC143
CC119
CC145
CC146

WERKZEUGE

Modellierwerkzeuge von Créalia in diesem Buch:

Modellierhölzer bzw. Antragespachteln, Werkzeugset mit verschiedenen Modellierschlingen, Schwamm, Ziehklingen aus Metall oder Holz, Töpfernadel

Ergänzender Werkzeugbedarf:

Rundholz, Verzierungswerkzeuge mit verschiedenen Endstücken, elektrische Töpferscheibe, Ränderscheibe (Drehteller, auf dem die Tonmasse liegt), Töpferofen, Holzfaser- oder Spanplatten (MDF oder HFM; mitteldicht bzw. mittelhart) verschiedener Größe je nach Projekt.

Beschreibung und Einsatz:

1 » **Modellierholz**, oft aus Buchsbaumholz hergestellt, dient zum Modellieren eines Werkstücks in der Anfangsphase der Bearbeitung. Damit lassen sich Oberflächeneffekte und Strukturen gestalten. Es gibt Modellierhölzer, die Messern ähneln und schneiden können. Es gibt andere, die gezahnt sind oder spitz zulaufen, um etwa Linien zu ziehen oder Material abzutragen, wieder andere haben kugelförmige Enden zum Ausbeulen bzw. um Oberflächen oder Volumen zu modellieren. Modellierhölzer gibt es in verschiedensten Größen und Formen. Mit ihnen lassen sich Elemente ankleben, in die kleinsten Winkel und Kanten vordringen, wo der Finger nicht hinkommt, Formen modellieren, Nahtstellen bearbeiten usw.

2 » **Kombiwerkzeug** An einem Ende des Holzgriffs ist eine Metallschlinge, das andere Ende dient als Modellierholz.

3 » **Modellierschlinge** Werkzeug mit Stahl- oder Holzgriff, das dazu dient, Material abzutragen oder eine Form auszuhöhlen, manchmal auch um eine Tonoberfläche zu glätten. Man kann damit auch Gravuren oder Sgraffiti (geometrische Kratzmuster auf engobierter Oberfläche, um naturfarbene Linien in der ursprünglichen Tonfarbe zu erhalten) erzeugen. Bandschlingen dienen zum Aushöhlen, Drahtschlingen zum Ausschneiden.

4 » **Ziehklinge** Werkzeug aus Holz oder Federstahl (dann Blech genannt), das abgerundet oder scharf sein kann. Es dient zum Glätten, Schleifen und Nachbearbeiten von Formen. Das Material kann damit abgetragen oder verschoben werden. Es können damit aber auch Tonwülste angetragen werden, um Flächen und Wände zu verfugen. Ihre vielseitige Verwendbarkeit (Kratzen, Schaben, Bereinigen, Glätten) sorgt für eine gleichmäßige Oberfläche und ein perfektes Finish. Ziehklingen können konkav, konvex oder flach geformt sein. Ebenso lassen sich damit Formen wieder herausarbeiten, die im Prozess verschwunden sind.

5 » **Schneidedraht aus Nylon oder Stahl** dient zum Ab- oder Zerschneiden von Tonklumpen.

6 » **Lineal oder Maßband** dienen zum Messen. Damit lässt sich alles, was nötig ist, ausmessen (etwa Rundungen, Hals, Höhe ...).

7 » **Töpfernadeln** sind hilfreich, um Luftblasen im Ton aufzustechen und um die Stärke des Gefäßbodens zu prüfen.

8 » **Töpfer- oder Küchenmesser** dienen zum Zuschneiden von Platten.

» **Holzspachtel** (die gleichen, die man auch in der Küche verwendet) dienen zum Abrunden von Tonkugeln.

» **Schutzkappen von Filzstiften**, alle Bestandteile eines Kugelschreibers, kleine und große Strohhalme oder andere Röhrchen sind ausgezeichnete Ausstechformen, um die Tonmasse präzise zu durchbohren oder kleine Kreise oder Punkte zu stanzen.

9 » **Lochstecher** dienen zum Zeichnen oder Ritzen von Gravuren. Nach dem Reinigen immer gut trocknen lassen, da sie leicht rosten.

10 » **Schleifpapier** – mit grober, mittlerer oder feiner Körnung – soll genau in dieser Reihenfolge verwendet werden, um einen ganz bestimmten Staub zu erhalten. Mit diesem bestreut man die Arbeitsfläche, um darauf eine Tonplatte auszuwalzen (damit diese nicht anklebt), oder man verwendet ihn für Schlickermalerei (Barbotine-Technik).

11 » **Pinsel:**

Pinsel werden grundsätzlich zum Aufmalen von Mustern und Verzierungen verwendet.

Bürstenpinsel dienen zum Auftragen von Schlicker.

Flachpinsel eignen sich zum Entstauben eines Objekts während des Schleifens.

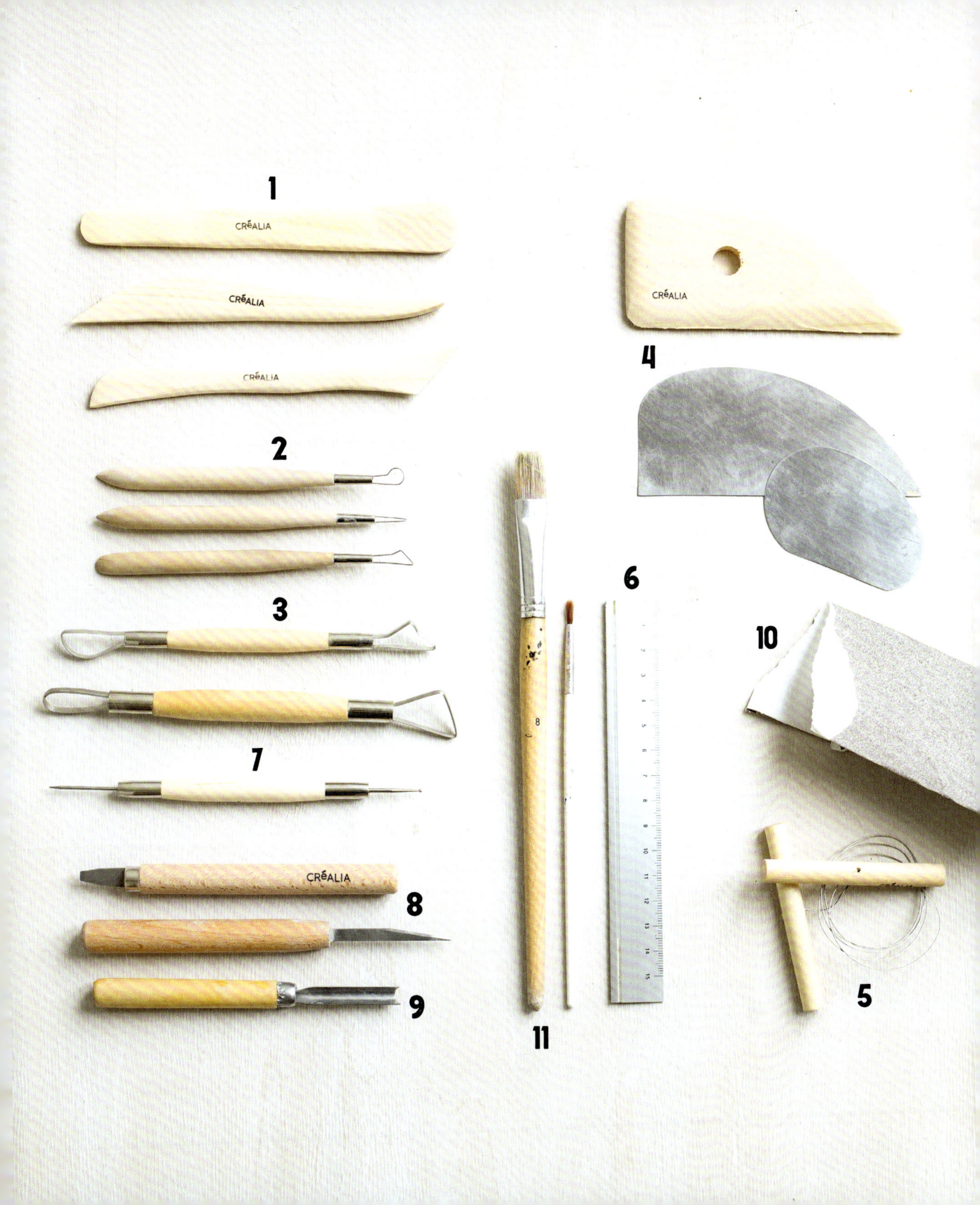
1
CRéALIA
CRéALIA
CRéALIA
CRéALIA
4
2
3
6
10
7
CRéALIA
8
9
11
5

GLOSSAR

»**ABDICHTEN (ODER GUILLOCHIEREN)**. Kleine Bewegungen mit dem Modellierholz (mit abgerundetem und/oder rechtwinkeligem Endstück) zum perfekten Versiegeln.

»**ABDREHEN**. Tonüberschüsse werden mit Abdreheisen und -schlingen abgeschält, sobald der Ton lederhart angetrocknet ist.

»**ABSPRENGEN**. Zum Abblättern oder Absprengen der Glasur/Emaille/Beschichtung kann es kommen, wenn diese zu dick aufgetragen ist. Die vor oder nach dem Brennen entstehende Spannung im Scherben lässt die Schicht abblättern.

»**BISKUIT**. Vorgebranntes, unglasiertes Werkstück. Das Produkt des Vorbrandes wird Scherben, Schrühware oder Biskuit genannt.

»**BRENNPLATTEN**. Feuerfeste Tonplatten für die Regale, Trocknungsgestelle und Brennofenfächer, die mit Objekten bestückt werden.

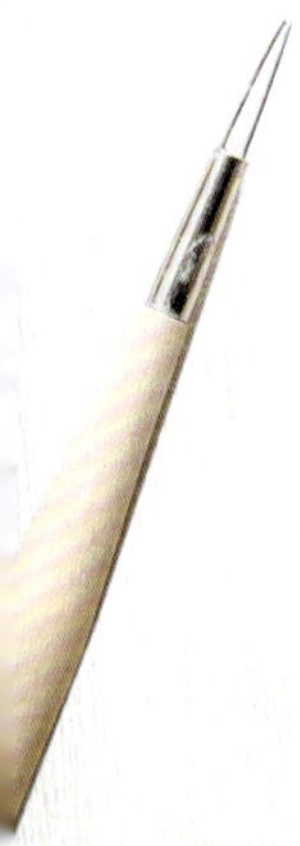

»**DREHEN**. Herstellen einer Hohlform auf einer manuellen oder elektrischen Töpferscheibe.

»**DREIFÜSSE**. Dreifüßige Untersetzer aus Ton oder verzinktem Metall, auf die das Werkstück zum Brennen aufgesetzt wird. Dadurch wird verhindert, dass das Werkstück auf der Brennplatte anklebt.

»**DREIKANTLEISTEN AUS TON**. Werden in den Brennofen gelegt, darauf die Werkstücke gestellt, sodass ein Abstand zu den Brennplatten besteht und die Werkstücke nicht ankleben.

»**EMAILLE**. Glasharter Schmelzüberzug als Schutz oder zur Verzierung gebrannter Keramikstücke.

»**ENGOBE**. Dünnflüssige, farbige Tonmineralmasse, die zur Verzierung auf den noch etwas feuchten Rohton (alternativ auch auf gebrannten Ton – nicht ganz so professionell) aufgetragen wird; auch Anguss- oder Begussmasse genannt.

»**GLASUMWANDLUNGSPUNKT**. Hitzegrad, ab dem Ton aufhört, porös zu sein bzw. sintert.

»**GLASUR**. Verglasbarer Schmelzüberzug (emailleartige Beschichtungen), genauer genommen transparente Versiegelung, die Keramik glänzender und poröse Tonoberflächen wasserundurchlässig macht; so lässt sich das niedrig gebrannte Geschirr leichter spülen.

»**KAOLIN**. Bestandteil von Porzellanton mit geringer Plastizität (Verformbarkeit), jedoch sehr feuerbeständig (Temperaturen bis zu 1400 °C). Beim Brennen entstehen feste, dichte Scherben.

»**KERAMIKHANDWERK**. Die Kunst des Töpferns und Brennens von Ton. Durch Zugabe von Wasser ist Ton leicht formbar. Beim Brennen wird er hart, fest und unveränderlich.

»**KNETEN**. Bearbeiten des Tons. Bevor man mit dem Formen beginnt, ist es notwendig, die Tonmasse aufzubereiten. Man muss den Ton kräftig kneten, damit etwaige Luftblasen und/oder Verunreinigungen (Holzstückchen, Steinchen etc.) beseitigt werden; so wird verhindert, dass die Tonware während des Brennens zerspringt. Das minutenlange Kneten erfordert viel Geduld, Energie und Sorgfalt. Der ganze Körper ist mit seiner Muskelkraft daran beteiligt, vor allem die Arme und Hände: Mal wird die Tonmasse geschlagen, mal zu einem Laib gerollt, mal in Spiralform »gewunden«, auseinandergeschnitten und -gebrochen, dann wieder zusammengefügt, oder es wird ein Klumpen Ton mehrmals hintereinander gegen einen anderen geklatscht. Normalerweise lässt man den Ton vor Gebrauch mehrere Wochen ruhen.

»**LEDERHARTER ZUSTAND**. Beschaffenheit des Tons im ersten Trockenstadium; der Ton ist druckfest genug zum Bearbeiten, jedoch nicht mehr plastisch verformbar.

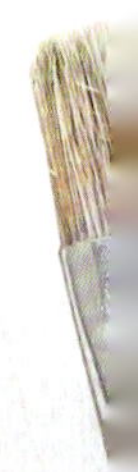

»**MODELLIEREN**. Bildhauertechnik, die auf der Bearbeitung von plastischen Materialien beruht, hauptsächlich von Ton, Lehm, Modelliermasse, Wachs und Paperclay (Mischung aus Ton, Papierfaserbrei und Wasser). Der Gestaltungsprozess erfolgt mithilfe von Modellierwerkzeugen wie etwa Modellierhölzern und Spachteln oder auch einfach mit den Händen.

»**NERIAGE**. Auch Nerikomi oder Millefiori genannt; Mischung von Tonen verschiedener Farben und/oder Beschaffenheit, jedoch mit gleicher Schwindung und Brenneigenschaft. Erst zusammengepresst, dann in dünne Scheiben geschnitten, können sie auf verschiedenerlei Arten weiterverarbeitet werden.

» **POLIEREN**. Glätten der lederharten Tonoberfläche mit einem glatten Kieselstein oder einem anderen glatten Gegenstand.

» **PORZELLAN**. Weiße, glasharte Keramik mit milchig-weißem Glanz; gebrannt bei sehr hohen Temperaturen (1200 °C).

» **PYROMETER- ODER SEGERKEGEL**. Kegel aus einem geeichten Material, die ab einer bestimmten Temperatur umkippen und schmelzen. Diese dienen zur Kontrolle der Brenntemperatur im Töpferofen.

» **RAKU**. Bezeichnung für niedrig gebrannte, japanische Teezeremonie-Keramik.

» **RAKUBRAND**. Spezielle, in Japan entwickelte Brenntechnik. Verwendet wird ein festerer, schamottierter Steinzeugton, da dieser größere Temperaturdifferenzen aushält. Die Werkstücke werden dem Ofen glühend entnommen und in einen Räucherbehälter mit organischem Brennstoff (Laub, Stroh etc.) luftdicht eingebettet. Durch den thermischen Schock entstehen metallische Farben und dekorative Risse (Craquelé).

» **SCHAMOTTE**. Gebrannter, grob zerkleinerter Ton mit unterschiedlichen Körnungen, der dem Rohton beigemischt wird. Er verleiht den Werkstücken mehr Robustheit und mindert das Verformungs- bzw. Schrumpfrisiko.

» **SCHERBEN**. Gebrannter, aber noch nicht glasierter Ton; zerbrochener Gegenstand aus Ton.

» **SCHLICKERGUSS**. Dabei wird Tonschlicker in Gipsformen eingegossen.

» **SCHRÜHBRAND**. Bezeichnet den langsamen Vorbrand in einem Brennofen. So erhält das Werkstück die erforderliche Porosität, damit die Glasur haften bleibt. Zudem wird ihm Wasser und Gas entzogen.

» **SCHWINDUNG**. Zusammenziehen des Tonvolumens während des Trocknens (oder auch Brennens) um max. 15 %; oft auf der Verpackung angegeben, oder im Fachhandel nachfragen!

» **STANZEN**. Aufbringen von Mustern durch Prägung, Aushöhlung oder Reliefierung mit Stempelwerkzeugen und/oder Ausstechformen.

» **STEINZEUGTON**. Grauer, bräunlicher, elfenbein- und beigefarbener Ton, der in der Regel bei über 1280 °C glashart wird und frostsicher ist.

» **TON**. Entsteht durch Verwitterungsprozesse aus Gesteinen und bezeichnet das Rohmaterial in seiner natürlichen Beschaffenheit, wie es be- und verarbeitet wird.

» **TONSCHLICKER**. Tonbrei, der beim Aufeinandersetzen von Elementen als Bindemittel dient. Zur Herstellung rührt man Ton mit etwas Wasser zu einer dickflüssigen Masse an; dann am besten durch ein Küchen- oder Passiersieb streichen und luftdicht aufbewahren. Wenn der Schlicker antrocknet, etwas Wasser zusetzen und ein weiteres Mal durch ein Sieb streichen.

» **TÖPFERSCHEIBE**. Horizontal drehende Scheibe aus Holz oder Metall, auf der sich ein Tongefäß formen lässt. Es gibt verschiedenste Typen wie etwa Tischdrehscheiben mit Handhebel oder Fußantrieb. Sie alle sind zum Modellieren, Verzieren und auch für die Wulsttechnik geeignet. Die auf einer Achse montierte Scheibe wird mit Muskelkraft in Schwung versetzt oder elektrisch angetrieben.

» **TÖPFERTON**. Verwendet man in der Regel für poröse, niedrig gebrannte Tonware (950 °C bis 1100 °C), die oft verziert und glasiert wird.

» **ÜBERZUG**. Lack- bzw. emailleartige Beschichtung, die bei hoher Temperatur schmilzt; der transparente Überzug kann glänzend, seidenmatt oder matt sein, ohne die Farbe des Tons zu verändern.

» **WIDDERKOPF-TECHNIK**. Knetmethode, mit der man eine homogene Tonmasse ohne Lufteinschlüsse erhält.

» **WULSTTECHNIK**. Aufbau von Gefäßwänden aus von Hand geformten Tonwülsten.

» **ZIEHKLINGE**. Holz- oder Metallschaber zum Glätten von Oberflächen.

DIE TECHNIKEN

Es gibt acht Techniken, um beim Arbeiten mit Ton die gewünschte Form zu erreichen. In diesem Buch stellen wir Ihnen die sechs gängigsten Methoden vor, die es Ihnen ermöglichen, zu Hause ohne professionelle Ausrüstung und ohne große Erfahrung schöne Ergebnisse zu erzielen.

1. MODELLIEREN UND ZUSAMMENFÜGEN

Die einfachste Technik: Man modelliert von Hand eine Tonkugel, indem man den Ton mit den Fingern bearbeitet und formt.

Um die gewünschte Form zu erlangen, werden die einzelnen Bestandteile des Gefäßes in geometrische Elemente zerlegt, diese dann sorgfältig zusammengeklebt und -gefügt. Es folgt die Feinmodellierung, bis das gewünschte Volumen ausgeformt ist.

Ob Kugel, Halbkugel oder Zylinder: Sobald das Werkstück einen lederharten Zustand erreicht hat, muss man es mit der Modellierschlinge bearbeiten, um zu vermeiden, dass Luftblasen entstehen.

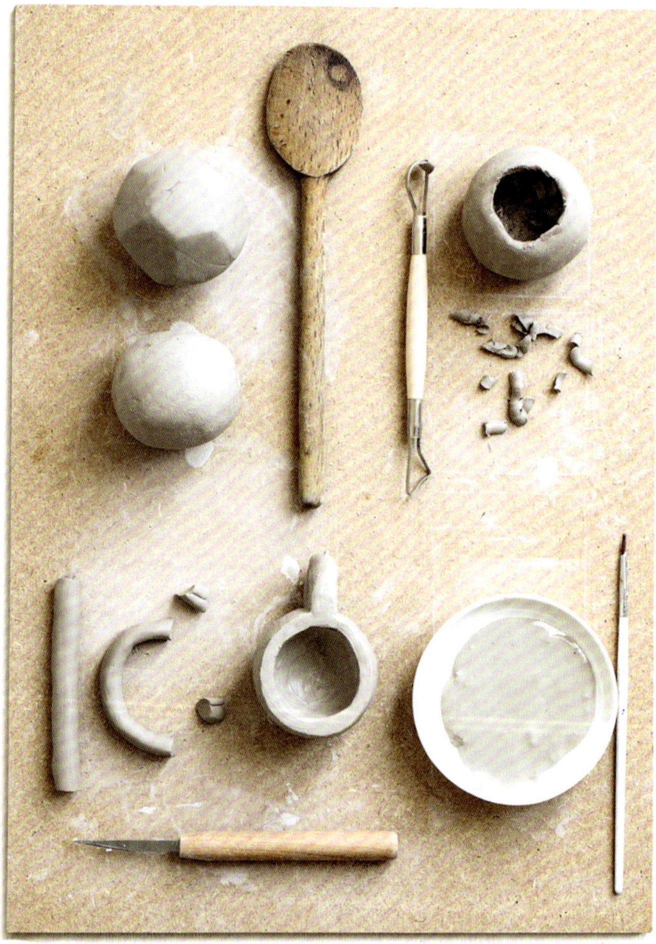

2. ÜBER- UND EINFORMTECHNIK

Bei dieser Technik wird eine kleine Portion Ton oder eine Tonplatte in ein Gefäß, das als Schablone dient, ein- oder aufgedrückt. Anschließend werden die Außen- oder Innenseiten des Werkstücks geglättet. Man kann auch ein Stück Ton in eine konkave bzw. konvexe Form drücken und ein- bzw. ausformen.

Besteht die Form, die als Schablone dient, aus porösem Material wie zum Beispiel Gips, sollte man ein angefeuchtetes Stück Stoff oder Zeitungspapier zwischen Ton und Form legen, damit der Ton nicht anklebt.

Die Römer verwendeten Formen aus porösem Ton als Schablonen, die sie stempelten oder mit einem Gravierstichel bearbeiteten, um Muster zu erzeugen. Sie drückten den Ton mit angefeuchteten Fingern oder mit einem Werkzeug gegen die Innenwand des Gefäßes. Nach dem Herauslösen aus der Form kam dann die Verzierung zum Vorschein.

Ob durch Gravur oder Stempeltechnik – auf diese Art lassen sich dekorative Muster wie Spitzen, Pflanzenmotive und Muscheln auf die Tonoberfläche zaubern.

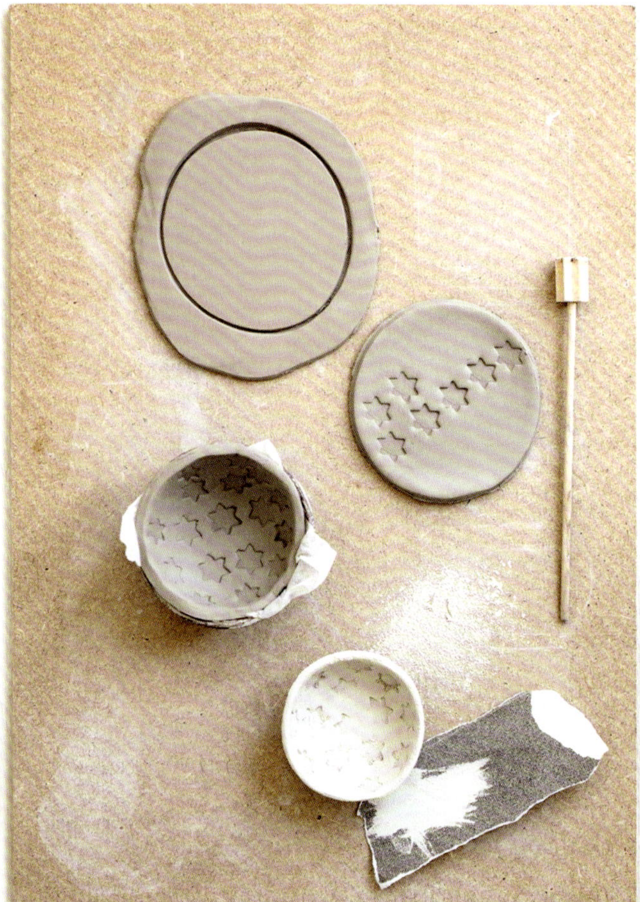

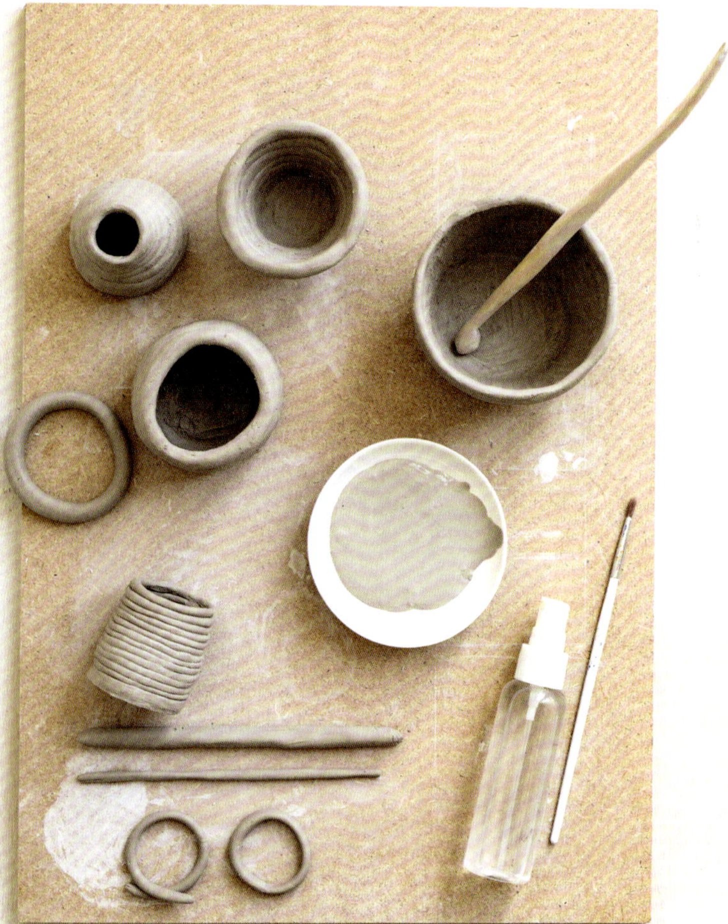

3. WULST- UND STREIFENTECHNIK

Die für diese Technik benötigten Tonwülste werden mit den Handflächen gerollt. Um daraus ein Werkstück zu formen, werden die Tonwülste in RIngen übereinandergesetzt und so ein Gefäß aufgebaut.

Diese Technik ist vor allem etwas für Menschen, die viel Ausdauer haben und sehr sorgfältig arbeiten. Es ist sozusagen eine Geschicklichkeitsübung.

Je nachdem wie dick man die Tonwülste rollt, kann man relativ schnell sehr große Werkstücke formen.

Umgekehrt aber lassen sich mit feinen und gleichmäßigen Röllchen sehr filigrane Teile gestalten.

Für den Gefäßboden schneidet man eine Platte im gewünschten Durchmesser aus, dann baut man die Tonwülste Reihe für Reihe übereinander auf.

Wenn sich die Form nach oben hin weiter öffnen soll, muss man die Tonwülste beim Aufeinandersetzen leicht nach außen versetzen. Dies erreicht man, indem man immer größer werdende Ringe verwendet. Mit immer kleiner werdenden Ringen lässt sich das Gefäß hingegen verjüngen.

Man kann die Tonwülste vorfertigen, muss sie dann aber mit einem feuchten Tuch bedecken, damit sie nicht antrocknen. Je dünner sie sind, desto schneller trocknen sie aus.

Die Tonwülste können auch flach gedrückt oder durch Streifen ersetzt werden, die aus einer Tonplatte geschnitten werden.

Beim Zusammenbau entstehen zwangsläufig Nahtstellen; wenn die Oberfläche zum Schluss homogen werden soll, muss man sie mit Schlicker bestreichen.

Die Innen- und/oder Außenseiten können – je nach gewünschter Optik – leicht, vollständig oder überhaupt nicht geglättet werden.

4. PLATTENTECHNIK

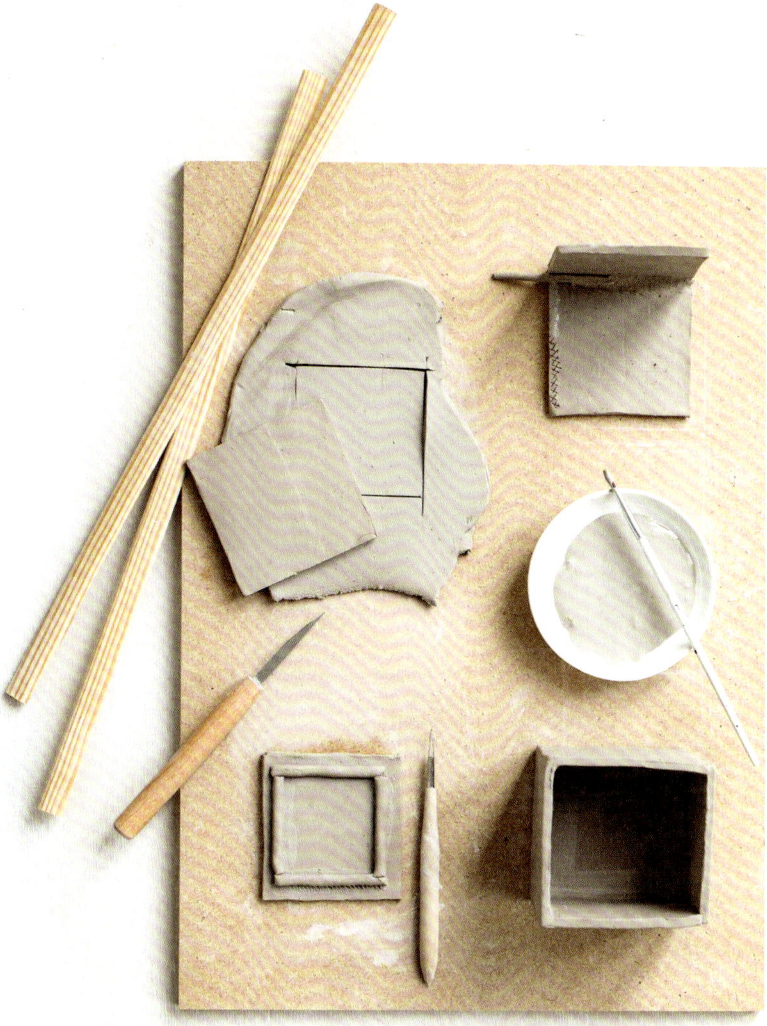

Achtung: Für diese Technik darf der Ton weder zu weich noch zu hart sein: Die Platten müssen ausreichend Stand haben. Auch sollten sie gleichmäßig dick sein. Dies wird erreicht, indem man den Ton zwischen zwei Holzleisten mit einem Rundholz ausrollt. Auf diese Weise entsteht automatisch eine gleichmäßig starke Platte.

Aus der Platte schneidet man mit Lineal, Winkelmaß, Zirkel oder Messer die gewünschten Formen aus.

In vielen Töpferwerkstätten gibt es ein Gerät, das die Arbeit wesentlich erleichtert: Mit der sogenannten Plattenwalze lassen sich Platten in gewünschter Stärke ohne großen Aufwand anfertigen.

Die erhaltene Platte muss in lederhartem Zustand mit den anderen Platten zusammengebaut werden. Lederhart bedeutet: Der Ton ist noch weich genug für einen Fingerabdruck. Darin besteht im Wesentlichen die Herausforderung dieser Technik. Des Weiteren muss man lernen, wie man die Tonplatten verzahnt und zusammenklebt.

Zu diesem Zweck muss man die Nahtstellen einriffeln, sie großzügig mit Tonschlicker bestreichen und gegebenenfalls mit einem Lineal oder einer Holzplatte fest aneinanderdrücken. Dann an der Innenkante dünne Tonröllchen anbringen (hierbei in kleinen Abschnitten vorgehen) und mit Tonschlicker ausstreichen; zum Schluss mit dem abgerundeten oder winkeligen Ende eines Modellierholzes verstreichen, um eine perfekte Abdichtung zu erhalten.

Mit dieser schnellen und sehr einfachen Technik lassen sich ohne Gebrauch der Töpferscheibe gleichmäßig geformte Objekte herstellen. Sie eignet sich bestens für Töpfe und Kästchen.

Zum Modellieren eines Kästchendeckels schneidet man eine rechteckige Platte aus und arbeitet ein Profil ein, damit der Deckel richtig sitzt; dabei ist ausreichend Spielraum für Trocken- und Brennschwindung zu berücksichtigen. Kästchen und Deckel trocknen lassen.

Ein Nachteil der Plattentechnik: Sie erlaubt nur geometrisch geformte Objekte. Allerdings kann man durch Einrollen der Platte und Zusammenfügen der beiden Enden auch zylindrische Formen fertigen.

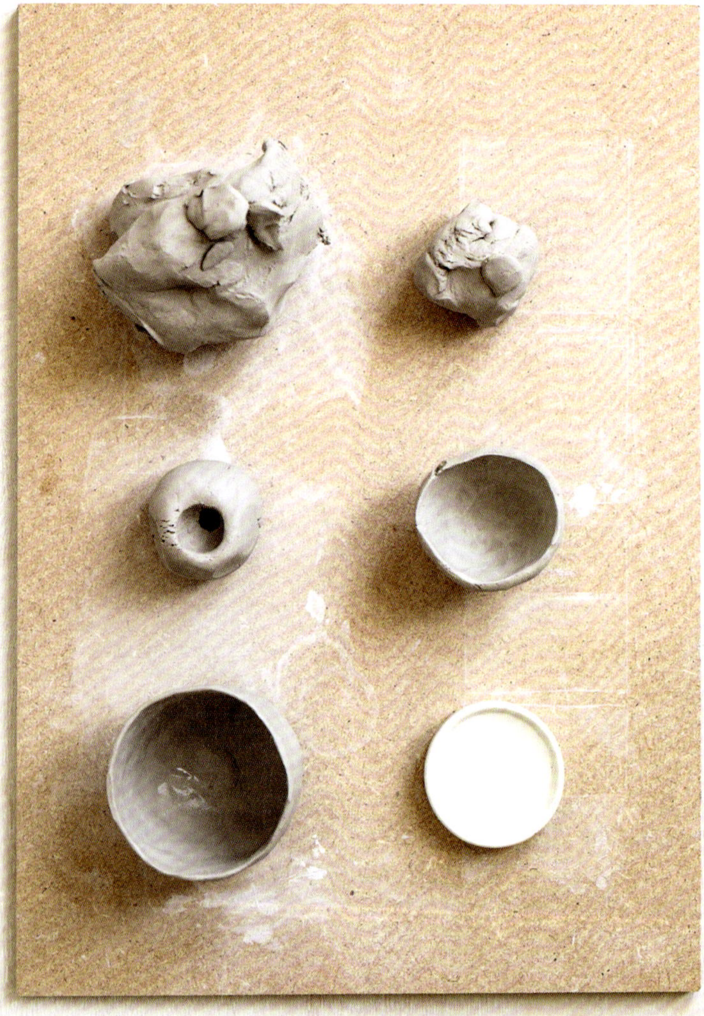

5. DAUMENDRUCK- UND AUSFORMTECHNIK

Bei dieser Technik wird zunächst mit den Daumen in der Mitte einer Tonkugel von oben eine mehr oder weniger große Vertiefung eingedrückt. Durch Streichen, Drücken und Dehnen wird der Ton weiter modelliert und ausgeformt. Zeit, Geduld und Geschicklichkeit, aber auch Erfahrung erlauben die Gestaltung abstrakter, feiner und sehr dünnwandiger Formen. Mit dieser Methode lassen sich hauptsächlich Schüsseln, Schalen, Becher und Näpfe modellieren.

Eine besondere Herausforderung bei dieser Technik ist das unregelmäßige Aushärten der Modelliermasse während des Ausformens. Daher empfiehlt es sich, das Werkstück während des Bearbeitungsprozesses mit Wasser zu besprühen oder in ein feuchtes Tuch einzuschlagen.

6. AUSHÖHLTECHNIK

Bei dieser Technik handelt es sich gewissermaßen um das Gegenteil von Modellieren: Hier wird eine Form ausgehöhlt, wobei wichtig ist, dass der Ton keine Lufteinschlüsse aufweist. Unsere Form kann etwa ein Tonkubus sein, den man zunächst auf der Arbeitsfläche schlägt, oder eine Kugel, die man mit einer Holzspachtel bearbeitet, oder ...

Man kann aber auch ein modelliertes Objekt bearbeiten (wie die Katzenlampe S. 62), die man, ebenso wie Kubus oder Kugel, in zwei Hälften schneidet, um sie bequem aushöhlen zu können.

In einem weiteren Schritt entfernt man – mithilfe immer kleinerer Modellierschlingen – vorsichtig und langsam den inneren Kern, ohne das Volumen (Außenkonturen) zu verformen und indem man auf gleiche Wandstärken achtet. Am Ende werden die beiden Hälften wieder verbunden.

Dies ist meine Lieblingstechnik. Ich verwende sie für meine Skulpturen, zur Herstellung von Geschirr kombiniere ich sie mit der Ausformtechnik.

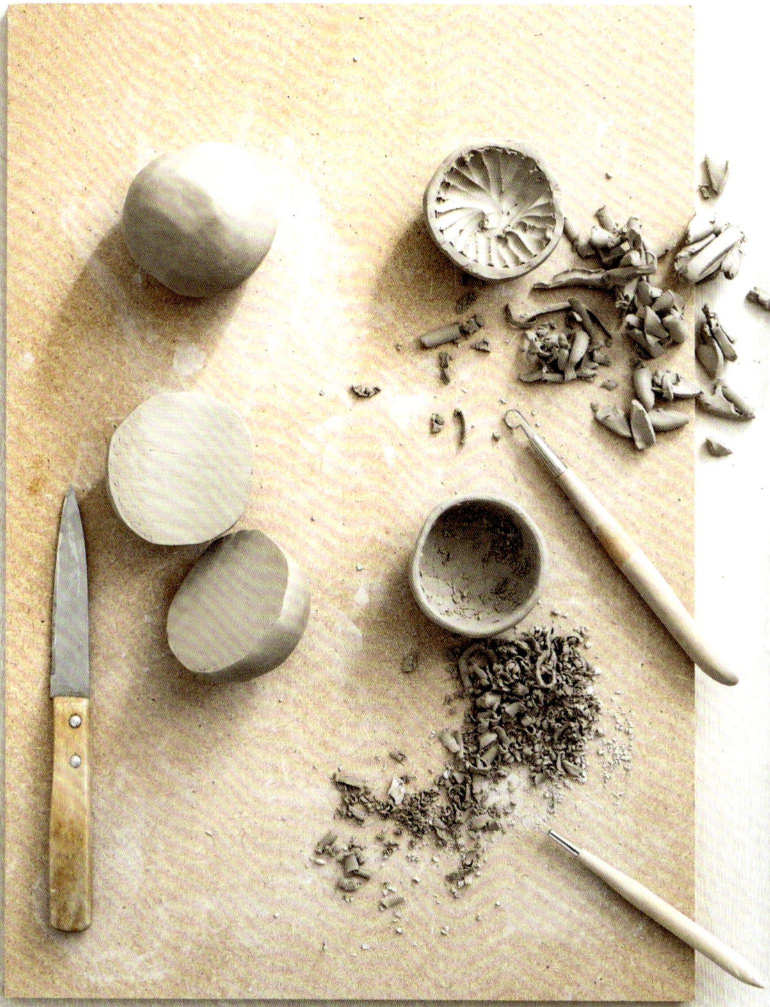

VERZIERUNGEN

OBERFLÄCHEN GESTALTEN

Stempeln
Aufbringen eines plastischen Musters durch Druckeinwirkung, z. B. mit Stempel oder Abdrückformen.

Färben
Farbige Oberflächen lassen sich durch Schmelzüberzüge (Emaille) oder Engoben erzielen; in diesem Buch kommen zumeist Engoben (gefärbter Tonschlicker/Tonbrei) zur Anwendung.

Für den Farbauftrag gibt es unzählige Möglichkeiten: Der Auftrag kann mit einer Farbrolle, einem Pinsel oder durch Eintauchen erfolgen. Man kann mit Schablonen arbeiten (aus Papier oder Pappe ausgeschnittene Formen, die auf den Ton aufgebracht werden), man kann die Farbe mit einem Schwamm verteilen oder die Oberfläche mit Farbe besprenkeln.

Um farbige Oberflächen zu erhalten, kann man auch verschiedenfarbige Tone mit gleicher Schwindung und Brenneigenschaft mischen. In dünne Platten geschnitten, kann man diese Stück für Stück übereinanderschichten, um mehr oder weniger regelmäßige Streifen zu erhalten. Diese Technik nennt sich Neriage.

Applizieren
Beim Applizieren werden Kügelchen, Röllchen oder aus einer dünnen Tonplatte ausgeschnittene oder ausgestochene Formen auf die Oberfläche aufgesetzt und sorgfältig verbunden (Nahtstellen einriffeln, Tonschlicker auftragen und fest aneinanderdrücken).

Durchbrechen
Das Gegenteil von Applikationen sind Lochmuster oder Dekorationen mit größeren Aussparungen, die durch vorsichtiges Herausschneiden von Material oder Ausstechen mit Ausstechformen entstehen (durchbrochene Strukturen).

Aufprägen
Dazu lassen sich Stoffe, Fäden, Schnüre, Muscheln, Pflanzen, Nägel, Strohhalme, Kugelschreiber ... verwenden. Die Idee dahinter ist das Spiel mit den Spuren.

Gravur und Sgraffito-Technik (ital. »gekratzt«)
Mit Werkzeugen wie Modellierschlingen, Holzmeißeln, Modellierhölzern, Spießen, Gabeln und Kämmen werden in den ausgehärteten Ton Muster geritzt bzw. gekratzt. Diese Schmuckmotive auf Keramiken sind inspiriert von der Kratzputzkunst, wie sie z. B. für alte Engadiner Häuser typisch ist.

Wenn die Tonoberfläche engobiert ist, handelt es sich um ein Sgraffito.

Die umgekehrte Methode ist die Mishima-Technik: Hierbei werden feine Linien in die Oberfläche eingedrückt bzw. in den Ton eingraviert; dann trägt man die Flüssigengobe auf und wischt danach die Fläche ab. Die Farbe bleibt in den Vertiefungen hängen.

Es gibt auch selbst härtende Modelliermassen wie FIMO air light oder WePAM, aus denen sich Objekte mit ganz ähnlichen Techniken gestalten lassen.

Diese selbst härtenden Modelliermassen sind aber bei Weitem nicht so strapazierfähig. Auch sind sie weder wasserdicht noch lebensmittelecht.

Sie sind jedoch eine gute Option, wenn man keinen Töpferofen hat.

Ansonsten erkundigen Sie sich nach einer Töpferwerkstatt, die es sicher in Ihrer näheren Umgebung gibt! Vielleicht können Sie dort Ihre Werkstücke brennen. Vorab sollten Sie jedoch klären, ob in der Werkstatt die gleichen Tonsorten gebrannt werden, die Sie verwenden. Das ist sicherlich ein entscheidender Faktor, ob Sie Zugang finden oder nicht.
Viele Töpfer:innen geben in ihrem Atelier auch Workshops. Das könnte eine ideale Lösung sein.

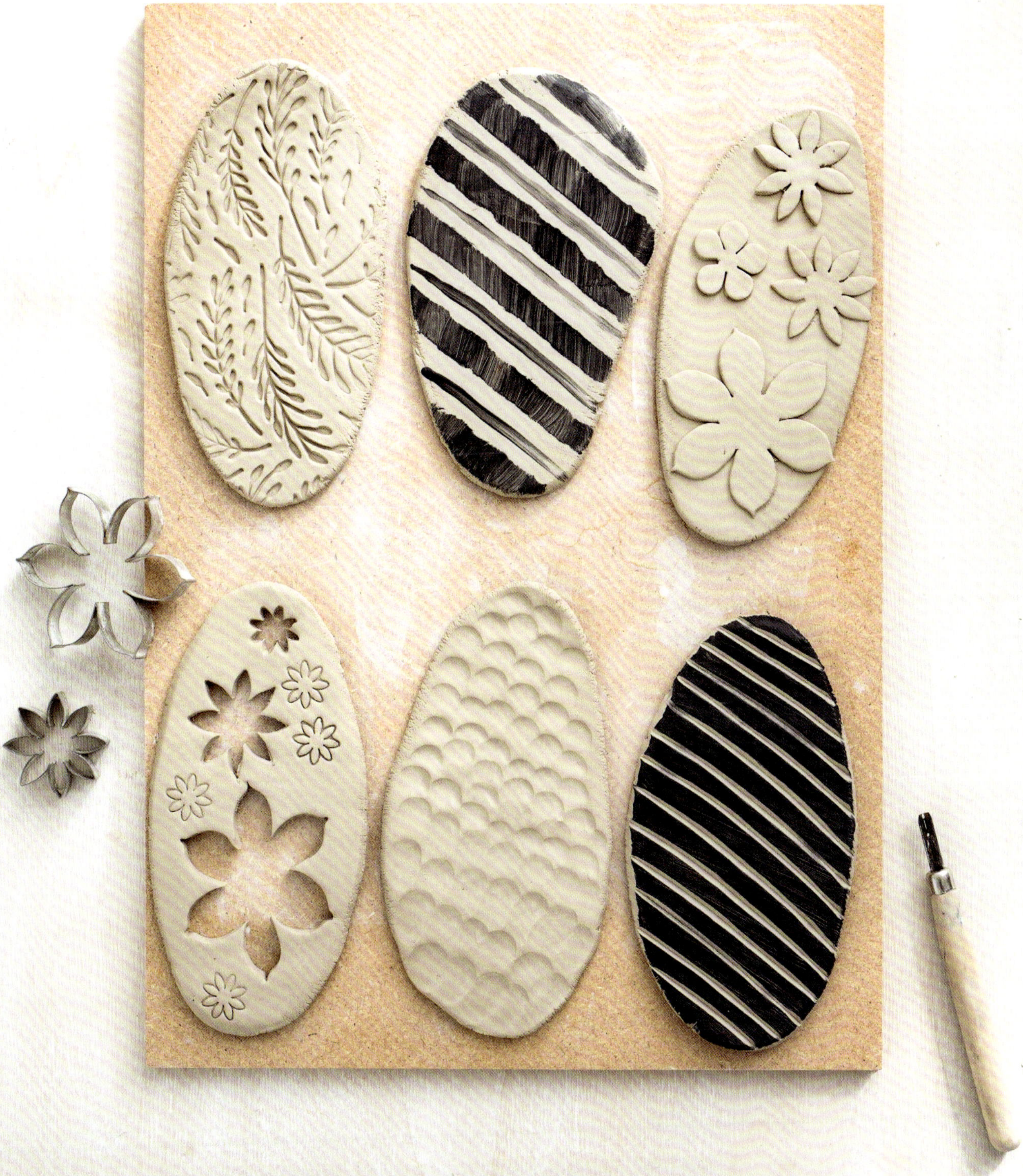

BRENNARTEN

Beim Trocknen verändert sich die Tonfarbe: Das Wasser verdunstet.

BRENNEN IM TÖPFEROFEN

Oft ist die Brenntemperatur auf der Packung angegeben. Es gibt folgende Varianten:

- **Niedrigtemperatur:** schamottierter Töpferton, feiner/glatter Töpferton.
- **Hohe Temperaturen: Steinzeugton, Prozellan.**

Achtung: Wenn man Tone bei zu hohen Temperaturen brennt, schmelzen sie im Brennofen und beschädigen ihn.

PROBLEME BEIM BRENNEN

Wenn der Ton nicht trocken genug ist, zerbröselt das Werkstück beim Brand.

Wenn das Werkstück Lufteinschlüsse aufweist und keine gleichmäßig dicken Wände hat, zerbricht es in größere Scherben.

Wenn sich das Werkstück beim Brennen verformt, dann war der Brennofen für diesen Ton zu heiß.

PROBLEME MIT DER GLASUR

Wirft die Glasur Blasen, erfolgt der Brennvorgang zu schnell oder der Schmelzüberzug wurde zu dick aufgetragen.

Wenn die Glasur zerrinnt, ist der Brand zu heiß.

Wenn das Werkstück nicht lückenlos überzogen ist und wenn Schrumpfung auftritt, war das Werkstück vor dem Glasieren nicht schmutz- oder fettfrei; es wurde nicht sauber genug mit dem Schwamm abgewischt, oder die Glasur war zu dick aufgetragen.

Wenn Risse auftreten, ist das Werkstück zu schnell angetrocknet, oder aber es hat einen thermischen Schock erlitten, z. B. wenn der Töpferofen vor dem vollständigen Abkühlen geöffnet wird.

ENGOBEN UND GLASUREN

Oft ist die Brenntemperatur auf der Packung angegeben. Es gibt folgende Möglichkeiten:

Die Farbe der Engobe stimmt mit der des Werkstücks überein und wird auf den Ton aufgetragen.

Allerdings wird der Farbton nach dem Auftragen und dem Glasurbrand kräftiger.

Zwischen dem Auftragen auf vorgebrannte Werkstücke und dem Herausnehmen aus dem Brennofen verändert sich die Glasurfarbe jedoch stark.

LUFTTROCKNENDE TONE

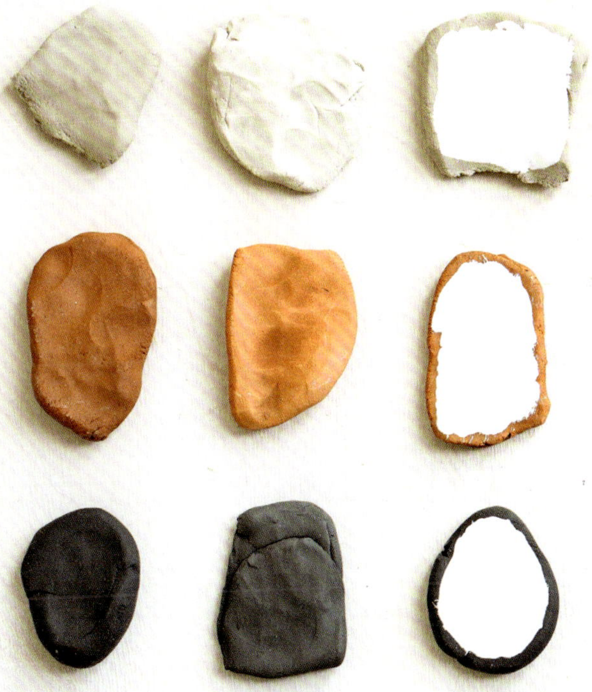

ROH TROCKEN BEMALT

WEISSER UND ROTER TÖPFERTON

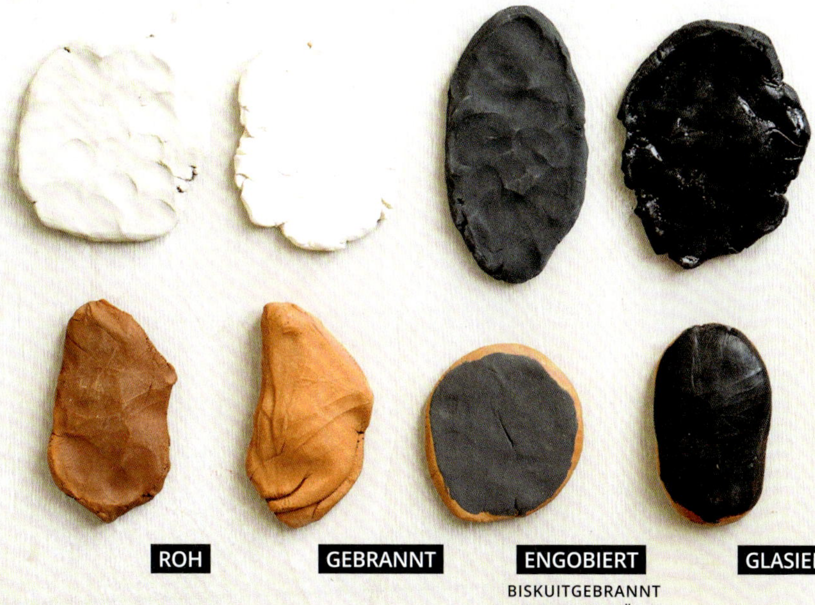

ROH GEBRANNT ENGOBIERT GLASIERT

BISKUITGEBRANNT
ODER GESCHRÜHT

OBJEKTE FÜR DIE Küche

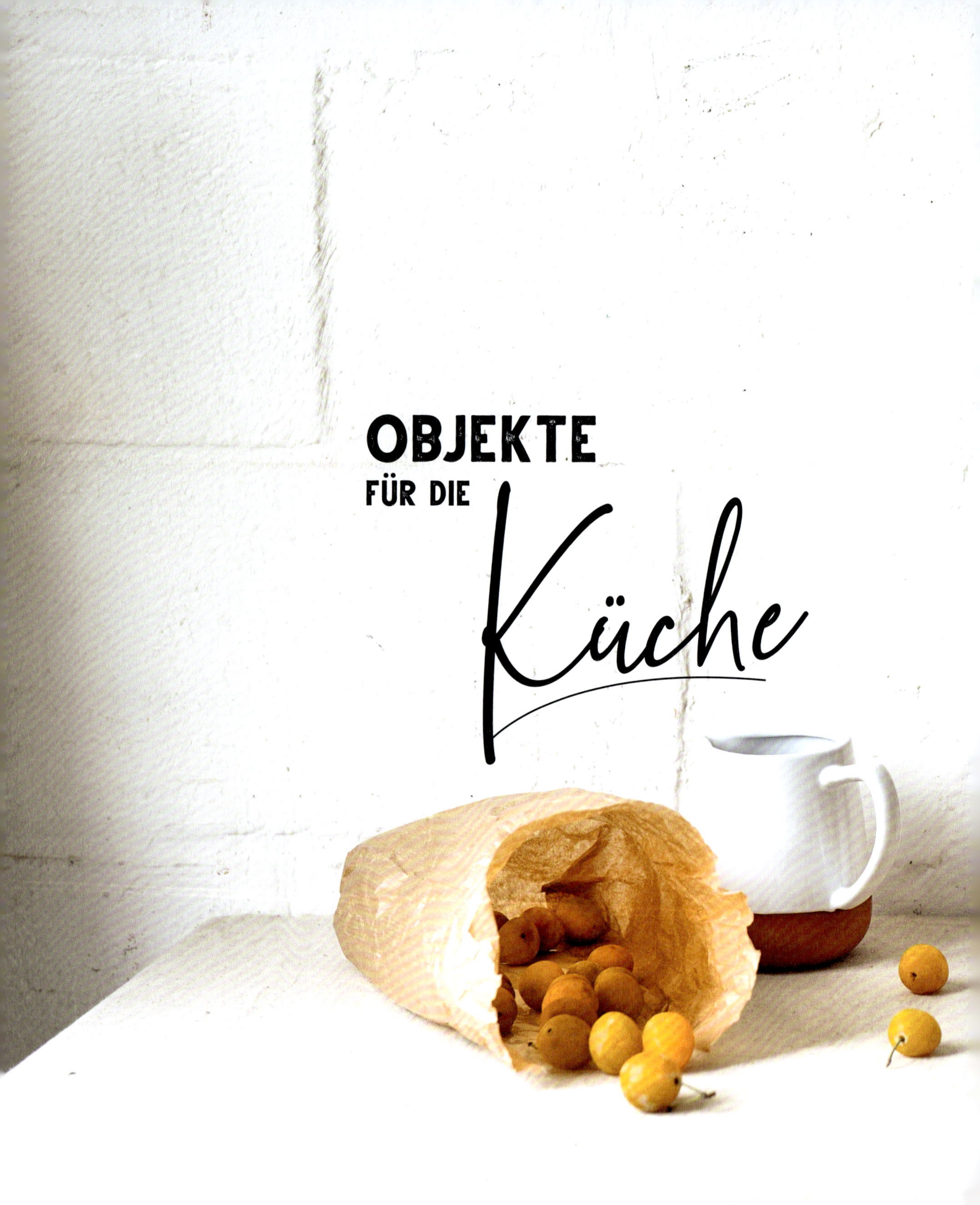

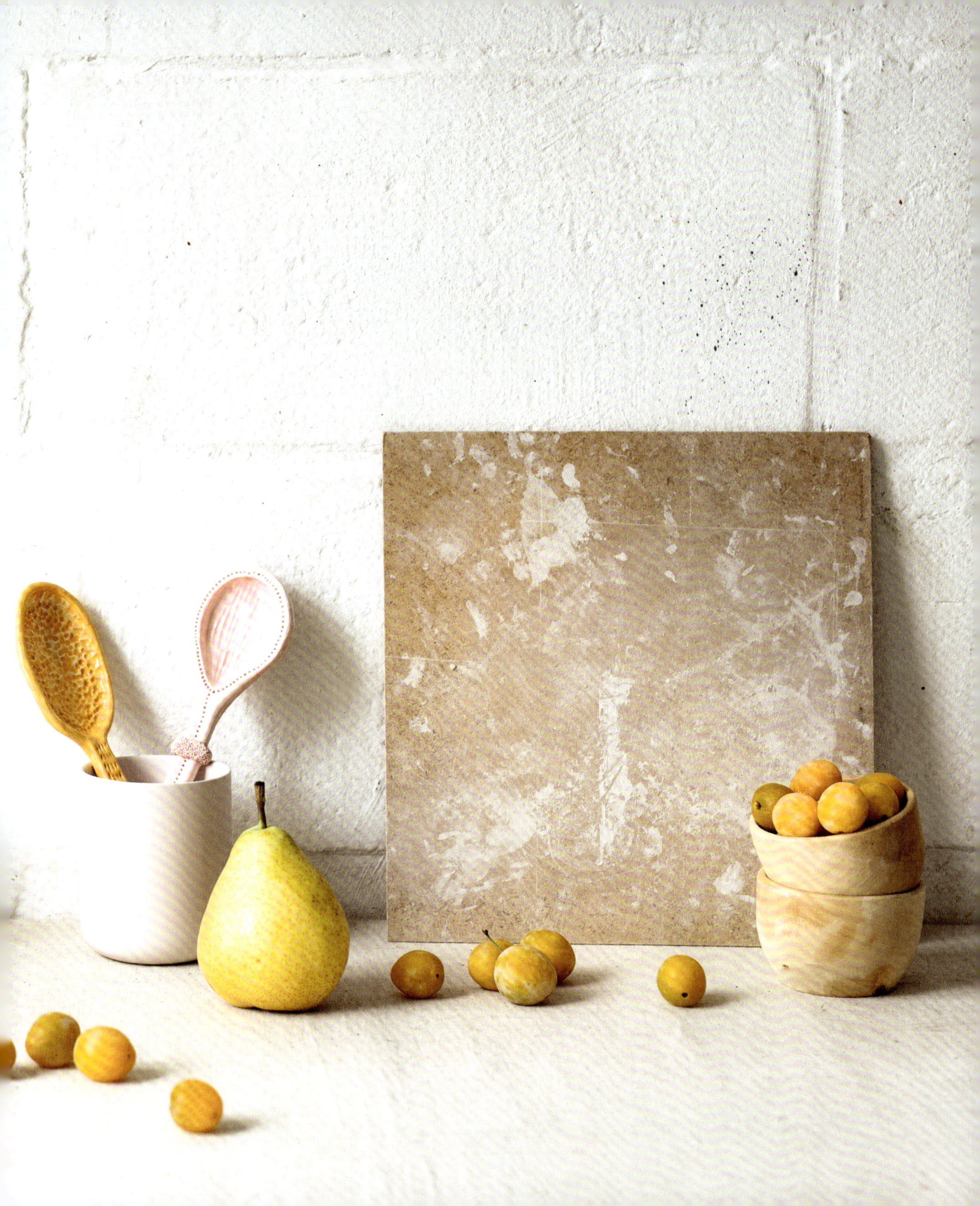

Für die Küche

UNTERSETZER MIT TEXTILOPTIK

TECHNIKEN: PLATTE **+** STEMPELN **+** ENGOBE **+** MISHIMA

ERWACHSENE KINDER

MATERIAL

- 1 kg weißer Ton von Créalia
- Zierdeckchen, Spitze, Gehäkeltes oder Gestricktes, strukturierte Stoffe aller Art
- 1 Rundholz
- 2 Holzleisten in einer Stärke von 0,6/0,7 cm
- Modelliermesser
- Engobe in einer Farbe nach Wahl, hier: DUNCAN Covercoat CC174 Kentucky Bluegrass (Grünblau) und CC121 Temple Grey (Stupa-Weiß)
- Papierschablone (Vorlage siehe S. 94 oder selbst entwerfen)
- 1 Strohhalm
- 1 Pinsel
- 1 Schwamm
- Wasser
- Überglasur

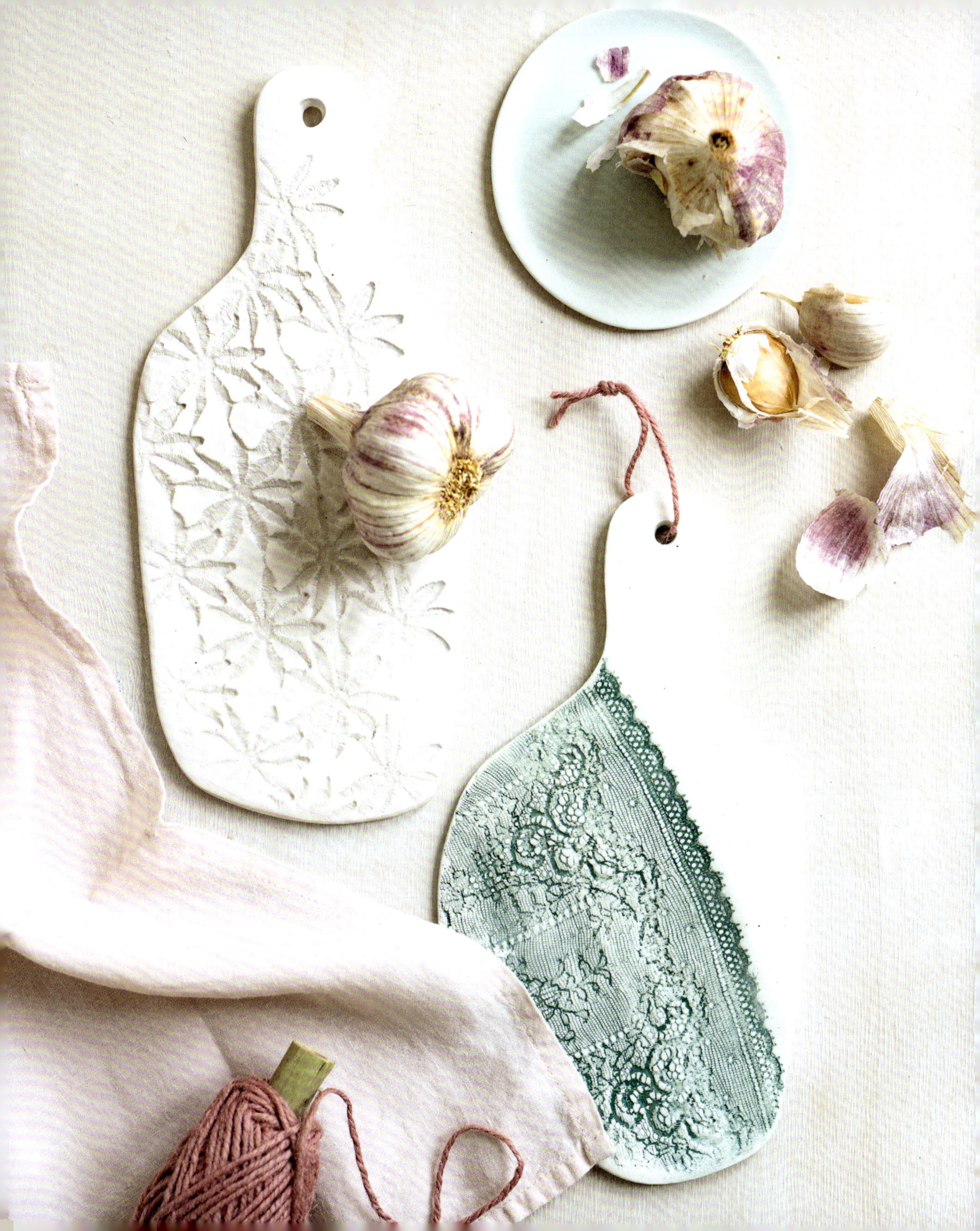

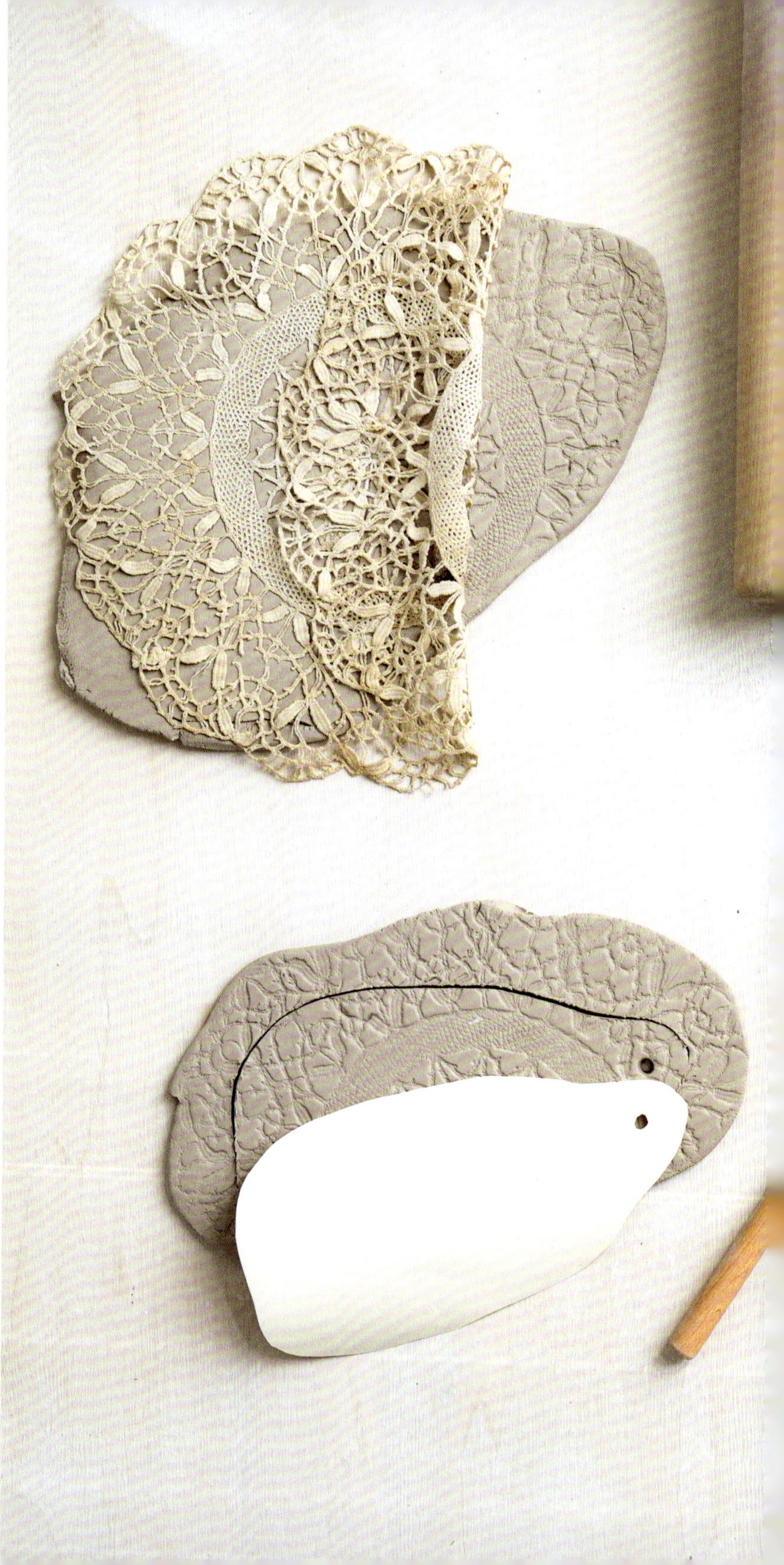

SO GEHT'S

1 Holzleisten zu beiden Seiten der Arbeitsfläche auslegen; der Abstand sollte schmäler sein als das Rundholz.

Den Ton mittig positionieren, mit dem Rundholz ausrollen und dabei die Tonplatte regelmäßig um eine Vierteldrehung weiterdrehen. Die Holzleisten dienen dazu, eine gleichmäßig dicke Tonplatte zu erhalten.

2 Sobald die Platte ausgewalzt ist, den strukturierten Stoff auflegen, mit der Hand andrücken, sodass er am Ton anhaftet, dann mit dem Rundholz darüberrollen. Den Stoff abnehmen.

3 Die Schablone auflegen und die Form ausschneiden. Lederhart trocknen lassen.

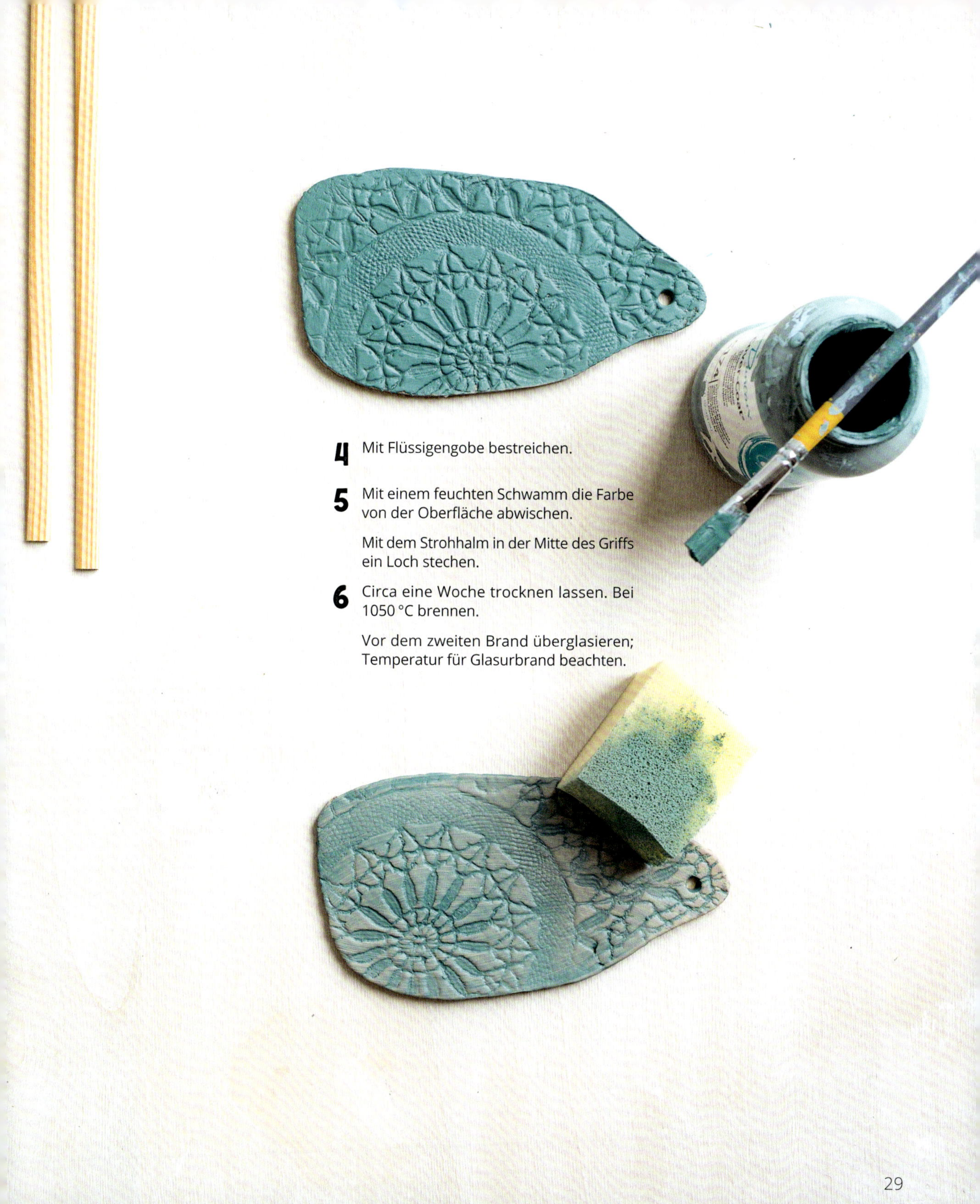

4 Mit Flüssigengobe bestreichen.

5 Mit einem feuchten Schwamm die Farbe von der Oberfläche abwischen.

Mit dem Strohhalm in der Mitte des Griffs ein Loch stechen.

6 Circa eine Woche trocknen lassen. Bei 1050 °C brennen.

Vor dem zweiten Brand überglasieren; Temperatur für Glasurbrand beachten.

Für die Küche

LÖFFEL MIT FLACHRELIEF

TECHNIKEN: PLATTE + GRAVUR + ABDRUCKE + ENGOBE

ERWACHSENE KINDER

MATERIAL

- Ca. 250 g weißer Ton von Créalia
- Löffelschablonen aus Papier (Vorlage siehe S. 95) oder selbst freihändig oder nach der Vorlage eigener Küchenlöffel entwerfen

Zum Gravieren

- Spieße, Strohhalm, Messer, Kugelschreiber (Kappe, Mine, Tintenspeicher)
- Engoben/Unterglasurfarben, deckend, hier: DUNCAN Covercoat CC12 Temple Grey (Stupa-Weiß), CC106 Harvest Gold (Marillengelb) und CC108 Miami Pink (Zartrosa)
- 1 Kugelmine
- 2 Holzleisten in einer Stärke von 0,5/0,6 cm
- 1 Bürstenpinsel

Den rosafarbenen Löffel habe ich am Griff um ein Detail ergänzt, nämlich um ein Röllchen, das mit Tonschlicker angeklebt ist. Dann habe ich der Manschette mit einem Spiess einen »Koralleneffekt« verpasst. Den Griff sowie den Rand des Löffels habe ich mithilfe der Kugelmine verziert. Die Innenseite des Löffels habe ich mit einem Spiess schraffiert.

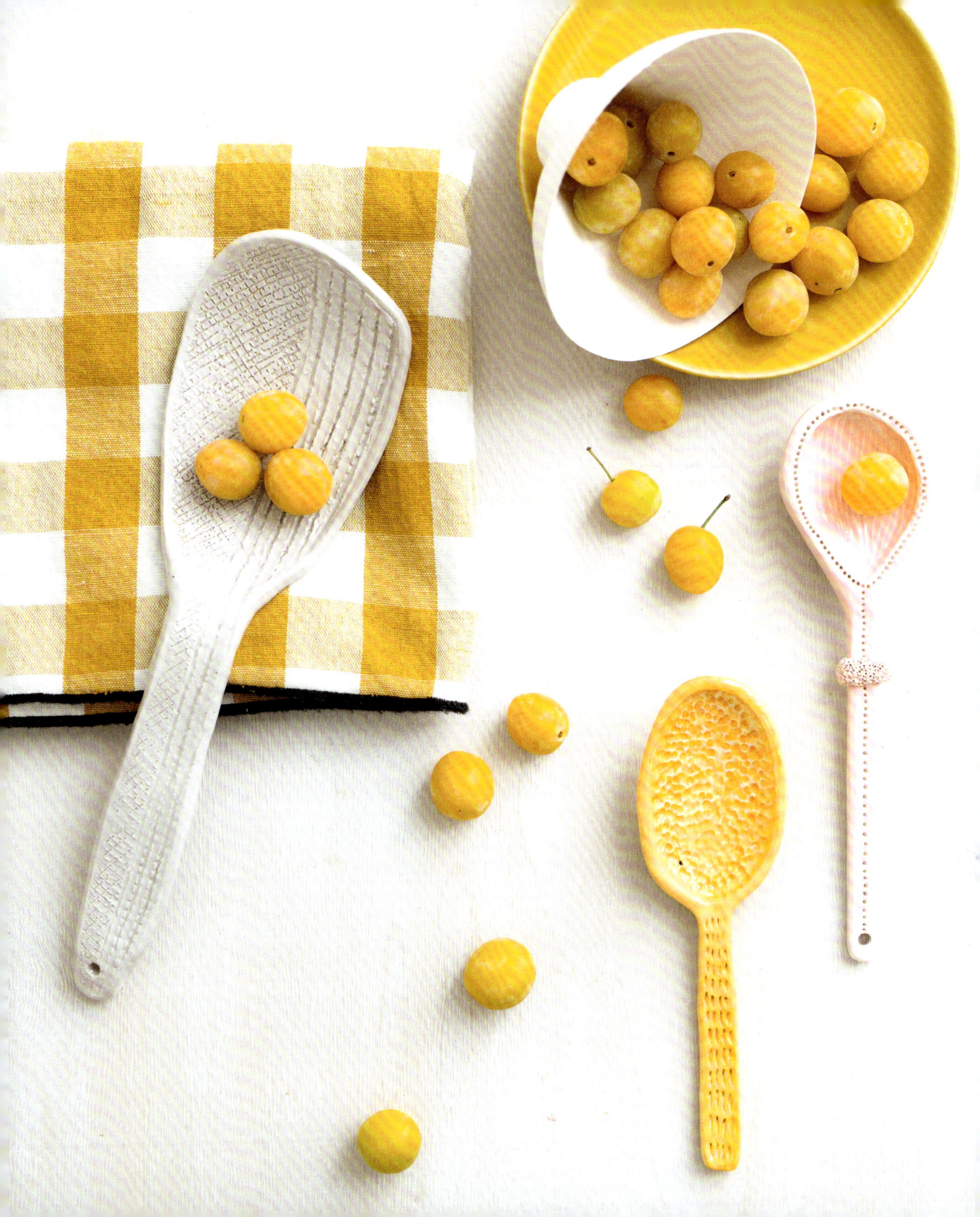

SO GEHT'S

1 Holzleisten zu beiden Seiten der Arbeitsfläche auslegen; der Abstand sollte schmäler sein als das Rundholz.

Den Ton mittig positionieren, mit dem Rundholz ausrollen und dabei die Tonplatte regelmäßig um eine Vierteldrehung weiterdrehen. Die Holzleisten dienen dazu, eine gleichmäßig dicke Tonplatte zu erhalten.

2 Sobald die Platte ausgewalzt ist, die Schablone auflegen, mit der Hand andrücken, damit sie am Ton anhaftet, dann mit dem Rundholz darüberrollen.

Die Schablone abnehmen.

3 Die Form ausschneiden. Mit dem Finger die Löffelmitte konkav ausformen und glätten. Sie können einen Rand bestimmen und die Tonoberfläche mit einer Kugelmine strukturieren.

Den Löffel lederhart trocknen lassen.

4 Den Griff kunstvoll mit kleinen Strichlein einritzen.

5 Mit Engobe bestreichen, trocknen lassen, dann brennen.

6 Mit transparenter Glasur überziehen, dann ein zweites Mal brennen.

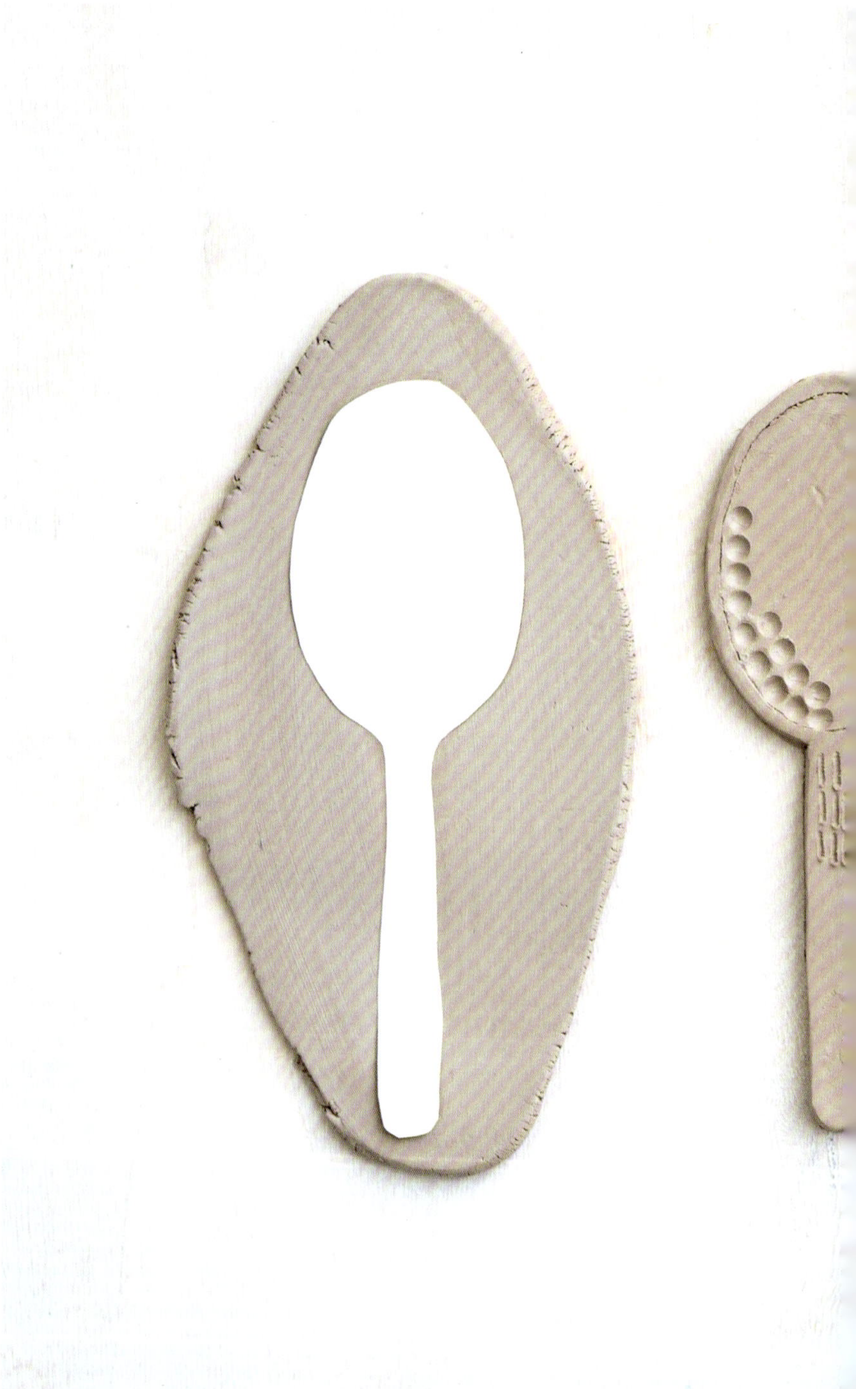

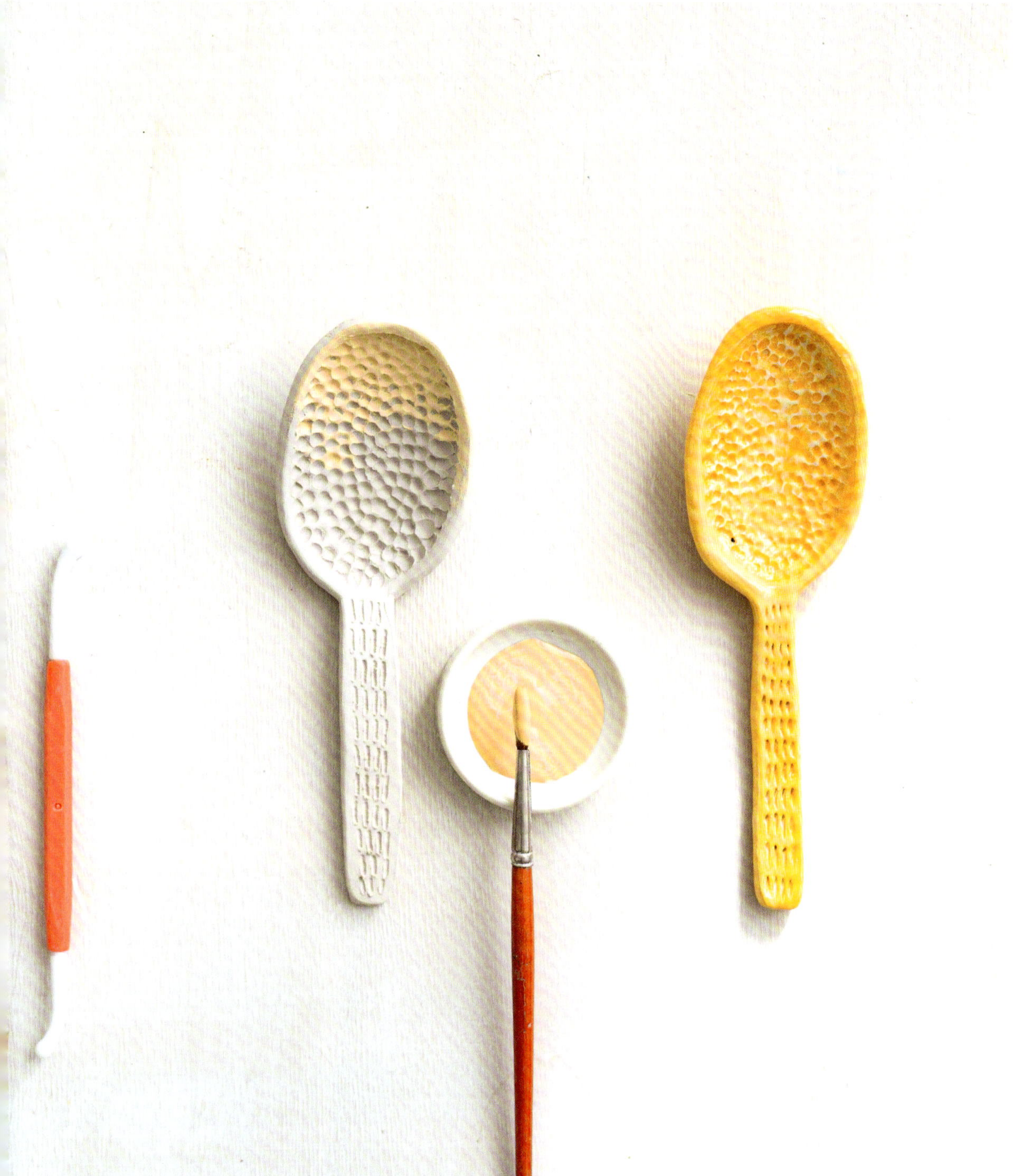

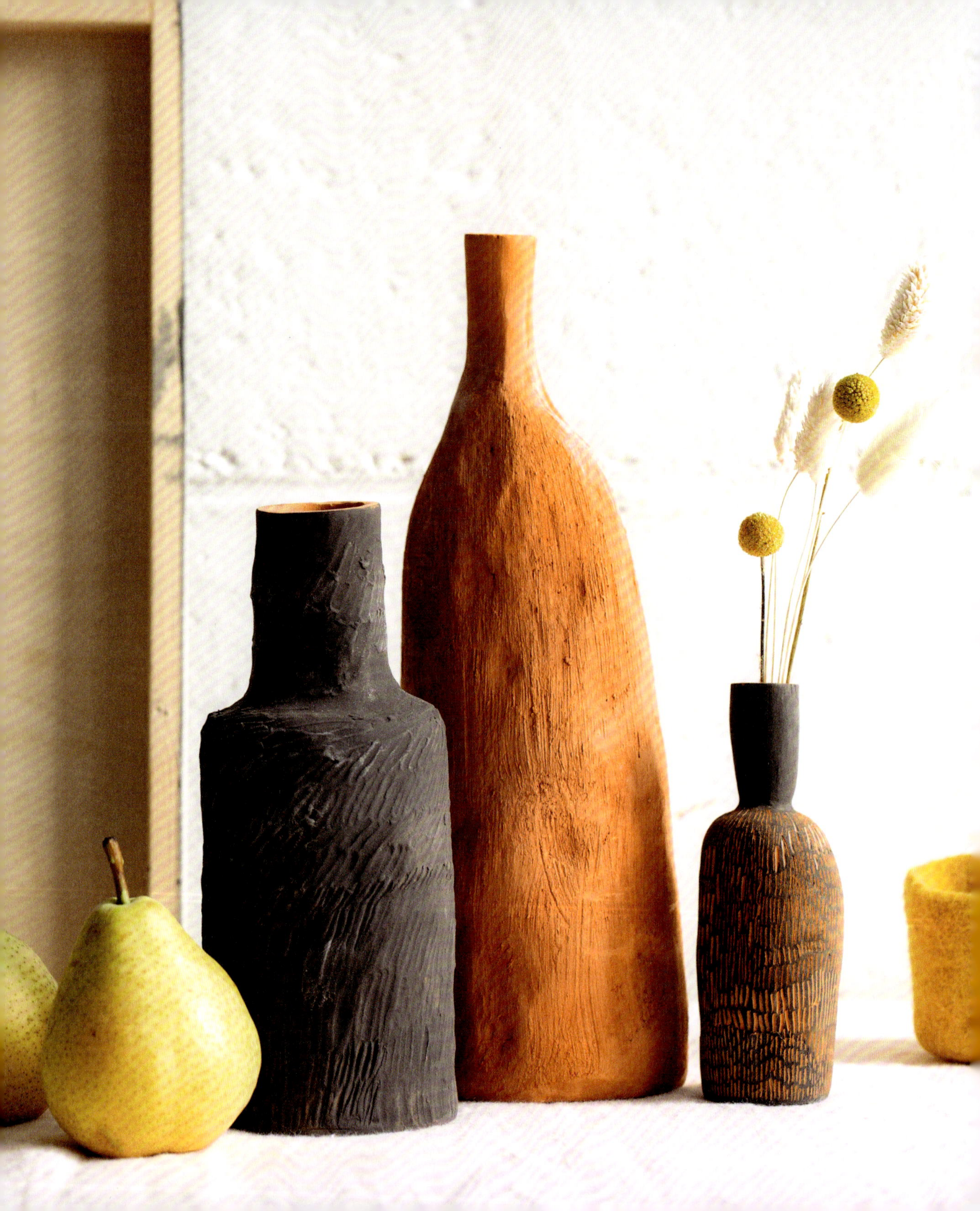

Für die Küche

FLASCHEN MIT RITZGRAFIK

TECHNIKEN: PLATTE **+** GRAVUR **+** SPIEL MIT STRUKTUREN

ERWACHSENE KINDER zum Verzieren

MATERIAL

- 1 kg roter oder weißer Ton von Créalia pro Flasche
- Papierschablone (Vorlage siehe S. 95 oder selbst entwerfen)
- 2 Holzleisten in einer Stärke von 0,5/0,6 cm
- 1 Rundholz
- 1 Modelliermesser von Créalia
- 1 Gabel
- Tonschlicker in der Tonfarbe der Flasche (in einem Marmeladenglas eine kleine Portion Ton mit etwas Wasser zu einer dickflüssigen Masse anrühren); Flüssigengobe, hier: DUNCAN Covercoat EZ012 Cobalt Jet Black (Kobaltschwarz)
- Pappe
- 1 Trichter
- Überglasur

SO GEHT'S

1 Holzleisten zu beiden Seiten der Arbeitsfläche auslegen; der Abstand sollte schmäler sein als das Rundholz.

Den Ton mittig positionieren, mit dem Rundholz ausrollen und dabei die Tonplatte regelmäßig um eine Vierteldrehung weiterdrehen. Die Holzleisten dienen dazu, eine gleichmäßig dicke Tonplatte zu erhalten.

2 Sobald die Platte ausgewalzt ist, die Schablone auflegen, mit der Hand andrücken, damit sie am Ton anhaftet, dann mit dem Rundholz darüberrollen.

Die Schablone abnehmen.

3 Zweimal die Form ausschneiden.

4 Den restlichen Ton auf die beschriebene Weise zu einer Platte auswalzen und einen runden Flaschenboden ausschneiden.

5 Pappe zu einem Zylinder formen. Mit dem Modelliermesser die beiden Flaschenhälften an sämtlichen Rändern einriffeln (ausgenommen den Flaschenhals). Die geriffelten Ränder mit Tonschlicker bepinseln.

6 Die Flaschenhälften anheben, um den Zylinder aus Pappe legen und zu Halbzylindern biegen. Die beiden Flaschenhälften dann zusammenfügen, indem man die Ränder fest gegeneinander presst, damit sich die Nahtstellen gut verbinden.

7 Den unteren Teil der Flasche versiegeln. Um den oberen Teil (Flaschenhals) kümmern wir uns in einem späteren Schritt.

Formen Sie zunächst mit etwas Ton dünne Röllchen, um damit die Fuge zwischen den Flaschenhälften auszulegen; mit einem horizontal geführten Modelliermesser werden die Röllchen verstrichen und die zwei Tonflächen miteinander verbunden. Die andere Seite auf die gleiche Weise bearbeiten.

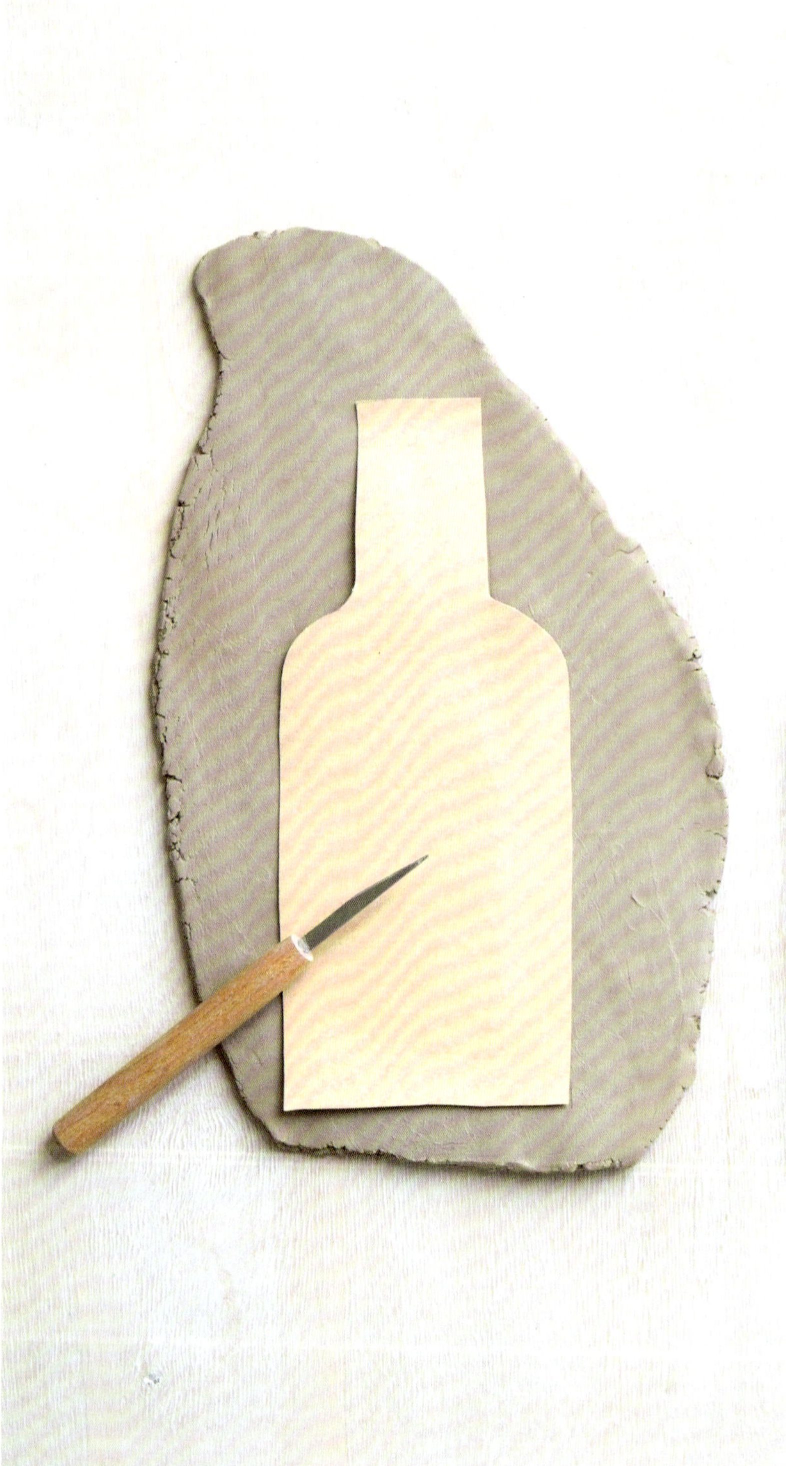

Die Nahtstelle zwischen den Flaschenhälften an der Innenseite der Flasche so gut wie möglich glätten, und zwar stets senkrecht zur Naht.

8 Den Pappzylinder in den geschlossenen unteren Teil der Flasche einschieben, dann den oberen Teil der Flasche, wie eben beschrieben, versiegeln.

9 Wenn Ihnen die Flasche bereits stabil genug erscheint, können Sie den Pappzylinder herausziehen; wenn nicht, lassen Sie ihn einfach drin: Er wird im Töpferofen verbrennen und verschwinden.

10 Die Flasche auf der runden Tonplatte (die als Gefäßboden dienen wird) positionieren, überstehenden Rand mit dem Messer abschneiden. Die beiden zu verklebenden Tonflächen einriffeln: den Rand der Bodenscheibe und den unteren Flaschenrand. Den Tonschlicker mit einem Pinsel auftragen, die Flasche auf den Gefäßboden stellen, ein ausreichend lang geformtes Tonröllchen anbringen, um die beiden Teile miteinander zu verbinden und – wie zuvor beschrieben – die Flasche mithilfe eines Modelliermessers versiegeln.

11 Für das Kratzmuster der schwarzen Flasche wurde eine Metallspitze verwendet; danach wurde sie schwarz engobiert.

Die Oberfläche der roten Flasche wurde mithilfe einer Gabel schraffiert.

i *Auch die kleine Flasche ist in Plattentechnik entstanden, wurde schwarz engobiert und dann in Sgrafitto-Technik gekratzt.*

12 Eine Woche trocknen lassen, dann einmal brennen. Die Innenwand der Flasche mithilfe eines Trichters engobieren: Dafür die Begussmasse einfüllen und wieder ausschütten. Sie können die Flasche überglasieren oder unbehandelt lassen. Die Überglasur kann leicht verdünnt werden, damit die Oberfläche glänzend und seidenmatt wirkt. Das Wichtigste ist, dass die Flasche innen wasserundurchlässig ist.

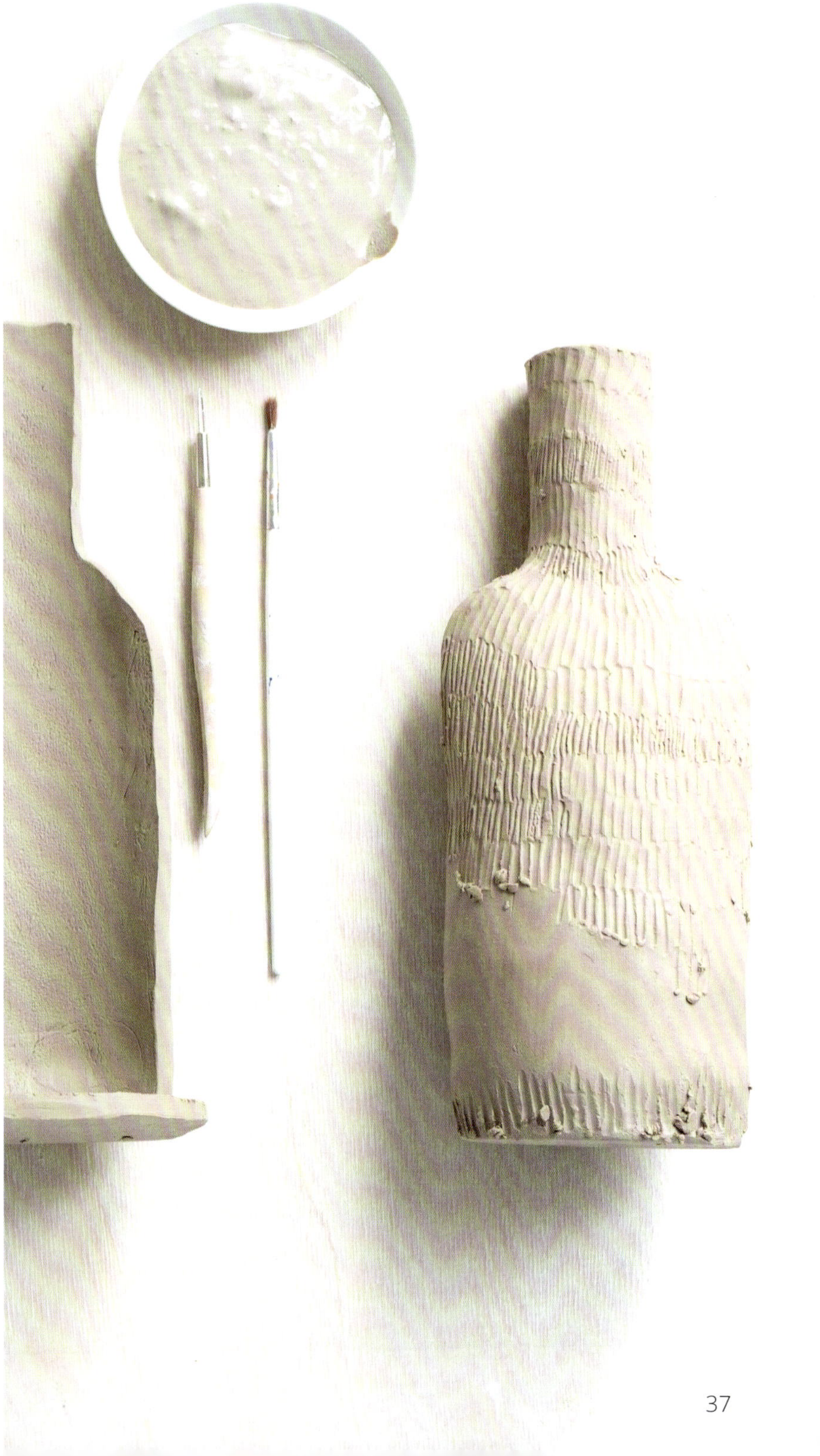

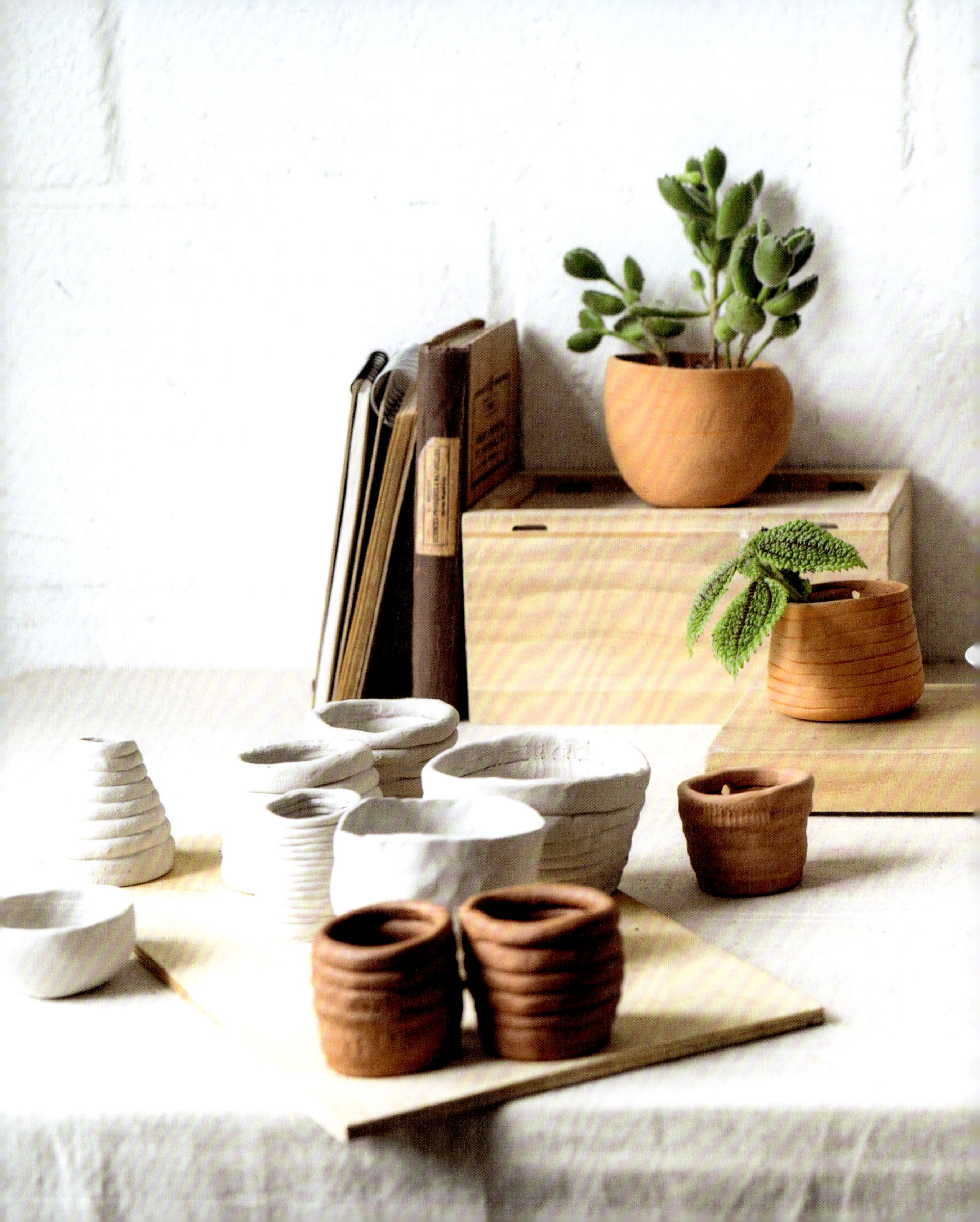

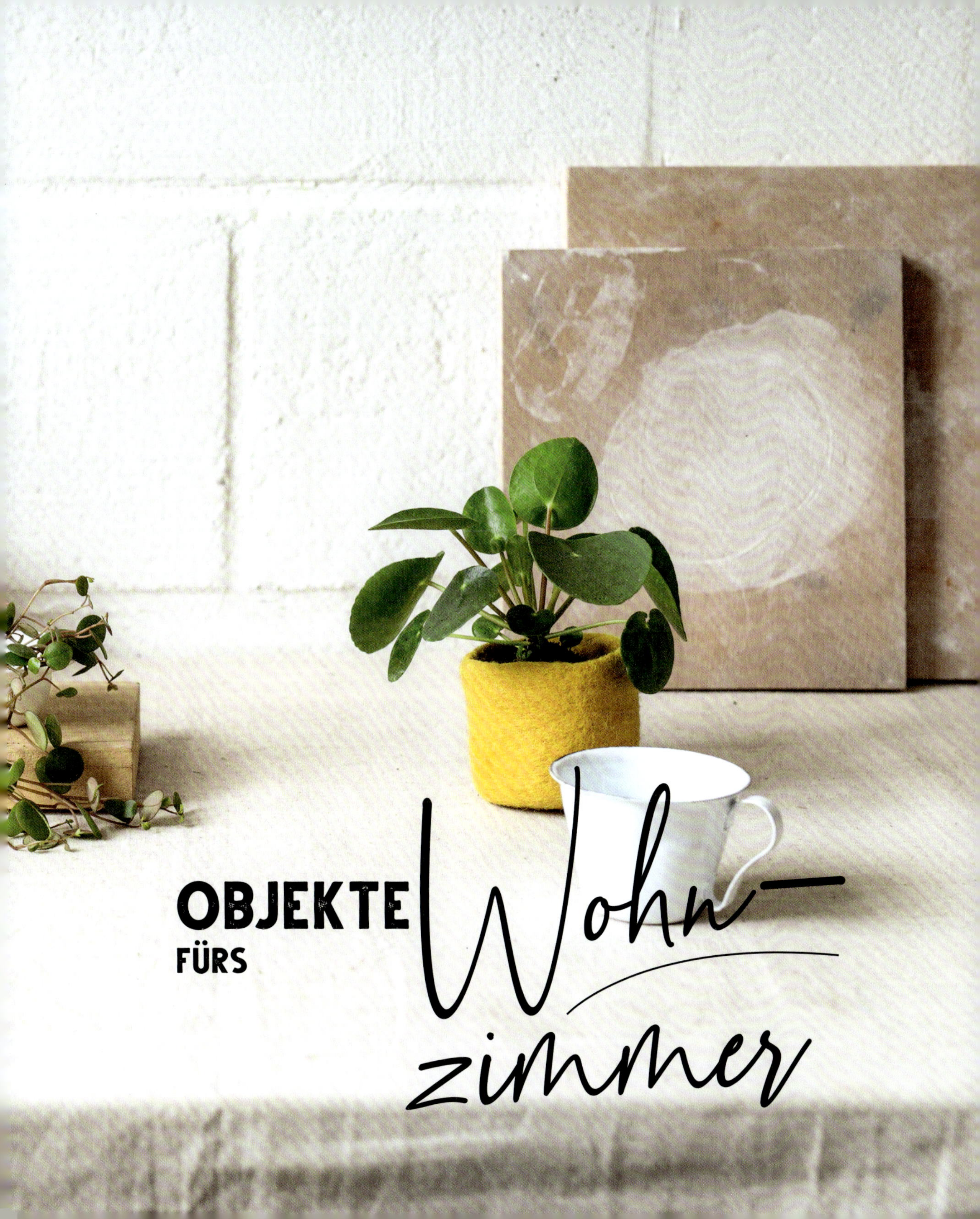

OBJEKTE FÜRS Wohn-zimmer

Fürs Wohnzimmer

LAMPENSCHIRM MIT KLÖPPELOPTIK

TECHNIKEN: PLATTE **+** AUSHÖHLTECHNIK **+** DURCHBRECHUNGEN, ABDRUCK

ERWACHSENE

MATERIAL

- 1 kg weißer Ton von Créalia pro Lampenschirm
- 2 Holzleisten in einer Stärke von 0,5/0,6 cm
- 1 Rundholz
- 1 Modelliermesser
- Modellierschlingen von Créalia (groß, mittel, klein)
- 1 großer Strohhalm, 1 kleiner Strohhalm
- 1 Kugelschreiber
- alle Hilfsmittel, die sich für einen kreisförmigen Abdruck oder ein Lochmuster eignen
- weißer Tonschlicker
- Schleifpapier, mittel- und feinkörnig
- Überglasur
- Elektrik und Glühbirne

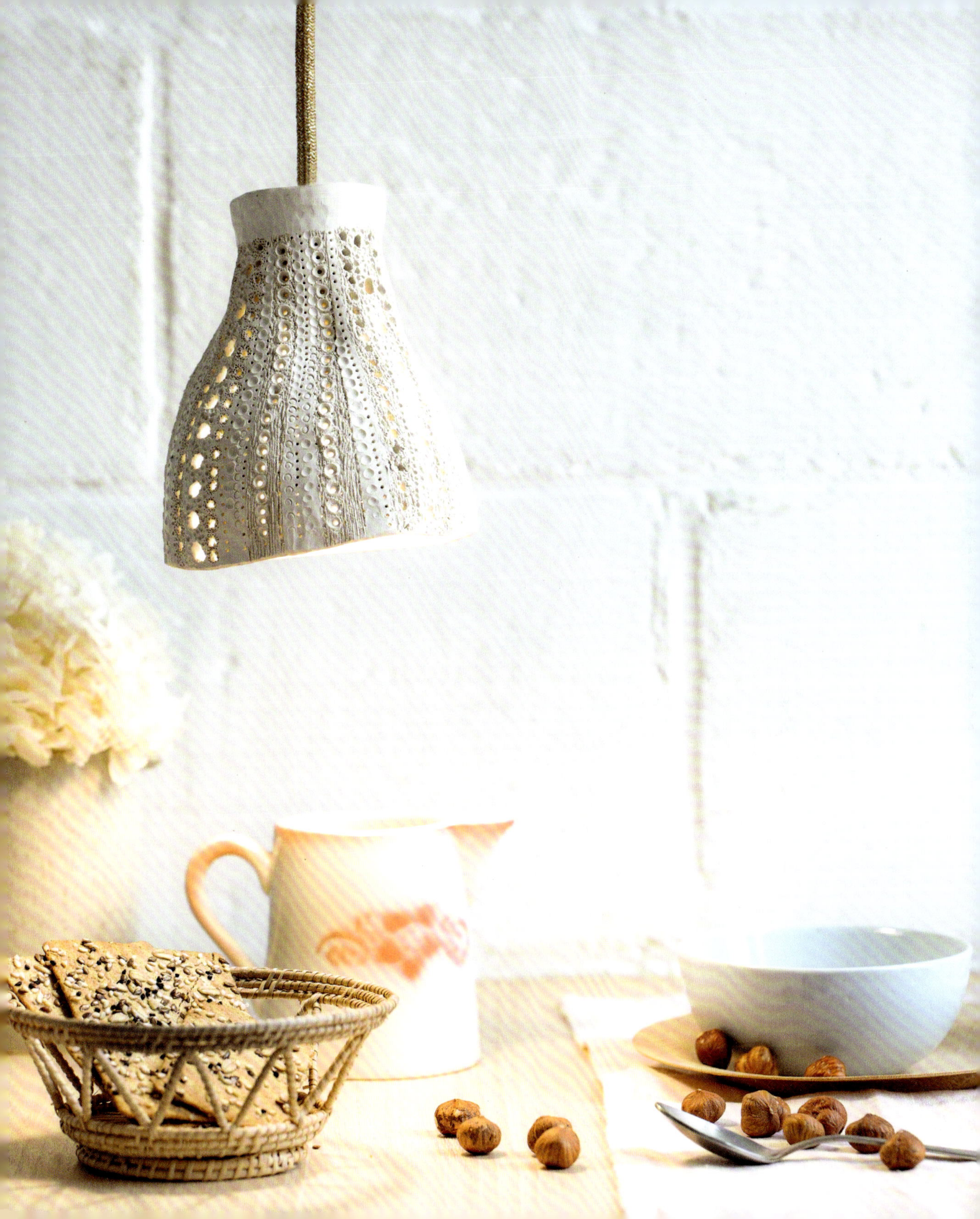

SO GEHT'S

1 Holzleisten zu beiden Seiten der Arbeitsfläche auslegen; der Abstand sollte schmäler sein als das Rundholz.

1/6 der Tonmasse (ausreichende Menge, um eine 3 x 18 cm große Platte zu erhalten) mittig positionieren, mit dem Rundholz ausrollen und dabei die Tonplatte regelmäßig um eine Vierteldrehung weiterdrehen. Die Holzleisten dienen dazu, eine gleichmäßig dicke Tonplatte zu erhalten.

Ein 3 x 18 cm großes Rechteck aus der Tonplatte ausschneiden.

2 Aus dem restlichen Ton zunächst eine Kugel und dann einen Bergkegel formen.

3 Die Form von unten her zuerst mit einer großen, dann mit einer mittelgroßen Modellierschlinge aushöhlen.

4 Um eine dünnwandige Form mit glatter Oberfläche zu erhalten, kann man auch mit den Fingern arbeiten. Oder man verwendet eine Federstahl-Ziehklinge, um die Innenseite abzuschaben. Der Durchmesser sollte unten ca. 12 cm und oben ca. 6 cm betragen. Oben mit einer kleinen Modellierschlinge ein Loch anbringen.

5 Das anfangs ausgeschnittene Rechteck zu einem Zylinder formen und schließen, bevor man das Element aufsetzt und mit dem unteren Teil der Lampe zusammenfügt.

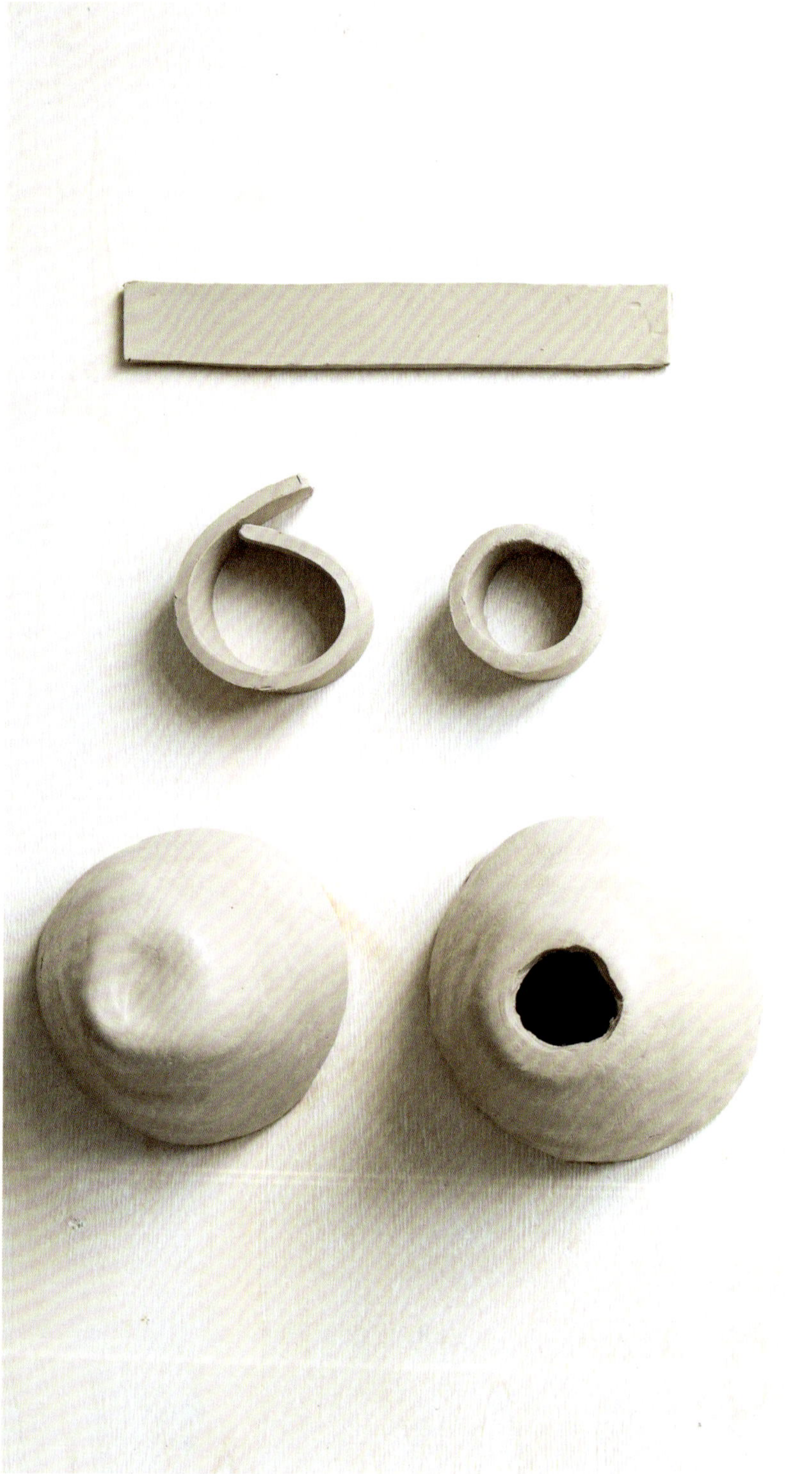

Tipp: Die Arbeit ist langwierig und erfordert unter Umständen mehrere Sitzungen. Den Tonstreifen und auch den unteren Lampenteil einfach in ein feuchtes Tuch einschlagen und aufbewahren.

6 Beim Verzieren können Sie Ihrer Kreativität freien Lauf lassen und einfach loslegen, indem Sie mal mit dem Strohhalm größere Löcher stechen, die Licht durchlassen, mal die Tonoberfläche mit dem Spieß anstechen und nur einkerben.

Wenn Sie ein regelmäßiges Muster bevorzugen, markieren Sie zunächst mit einem Spieß die Stellen, an denen Löcher entstehen sollen, bevor Sie sie ausstechen.

7 Den Lampenschirm trocknen lassen.

8 Die Innenseite glatt schleifen.

9 Vorbrennen, dann mit einer ausreichend verdünnten Überglasur glasieren, um einen satinierten, halbmatten Effekt zu erzielen.

10 Elektrik installieren.

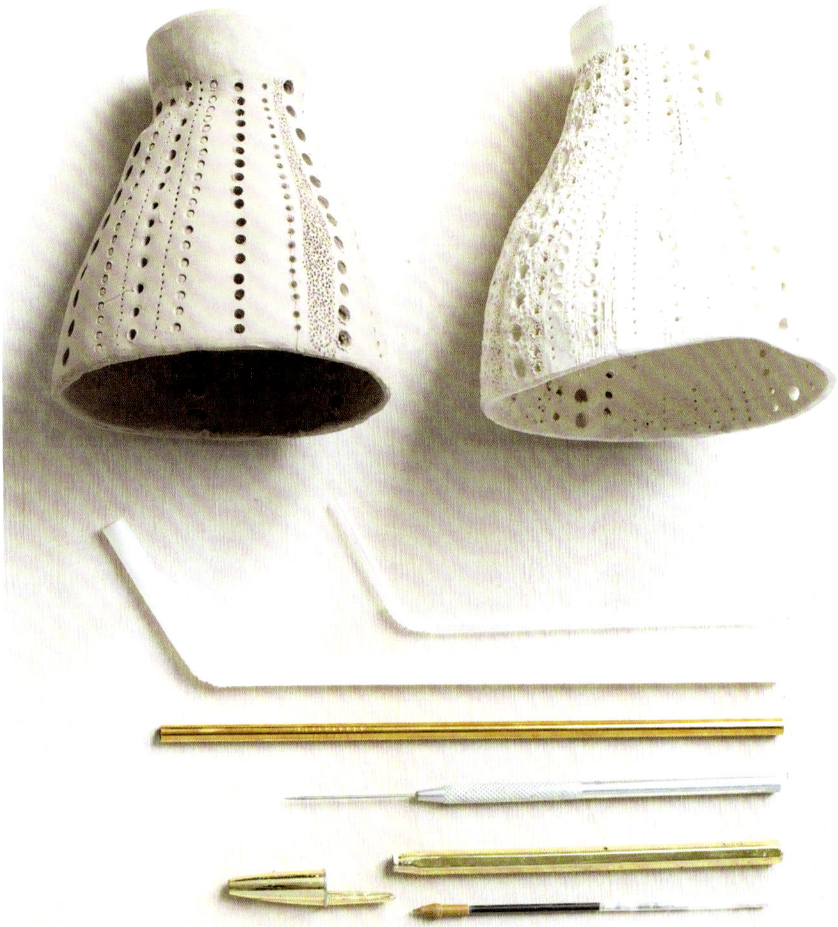

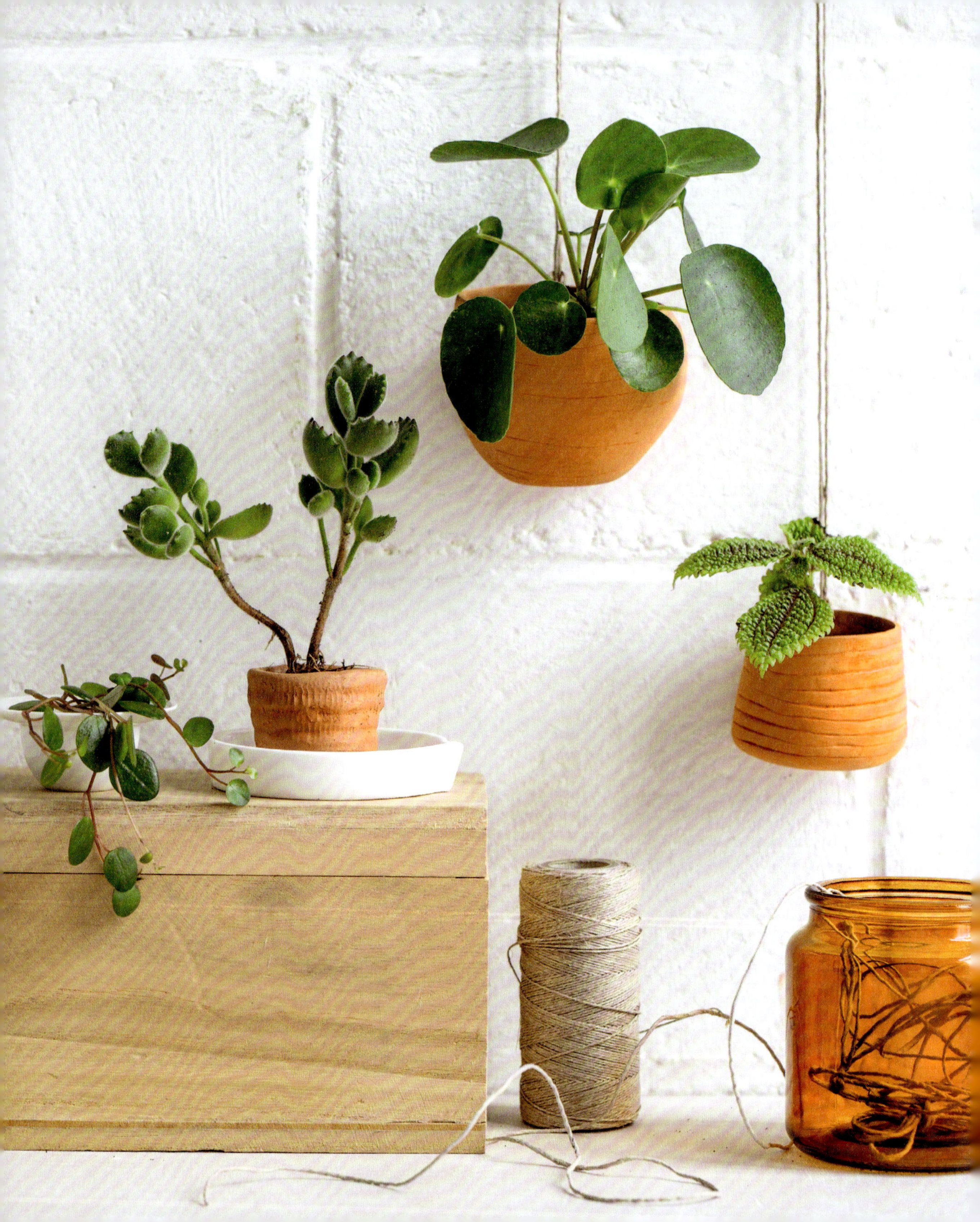

Fürs Wohnzimmer

HÄNGE-PFLANZTÖPFE

TECHNIK: WULST

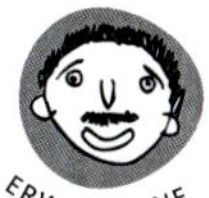

ERWACHSENE

MATERIAL

- roter Ton von Créalia
- 1 runder Ausstecher mit Durchmesser nach Wahl
- 1 Töpfernadel
- 1 kleines und 1 großes Modellierholz
- roter Tonschlicker und 1 Pinsel
- 1 Wasserzerstäuber
- 1 Rundholz

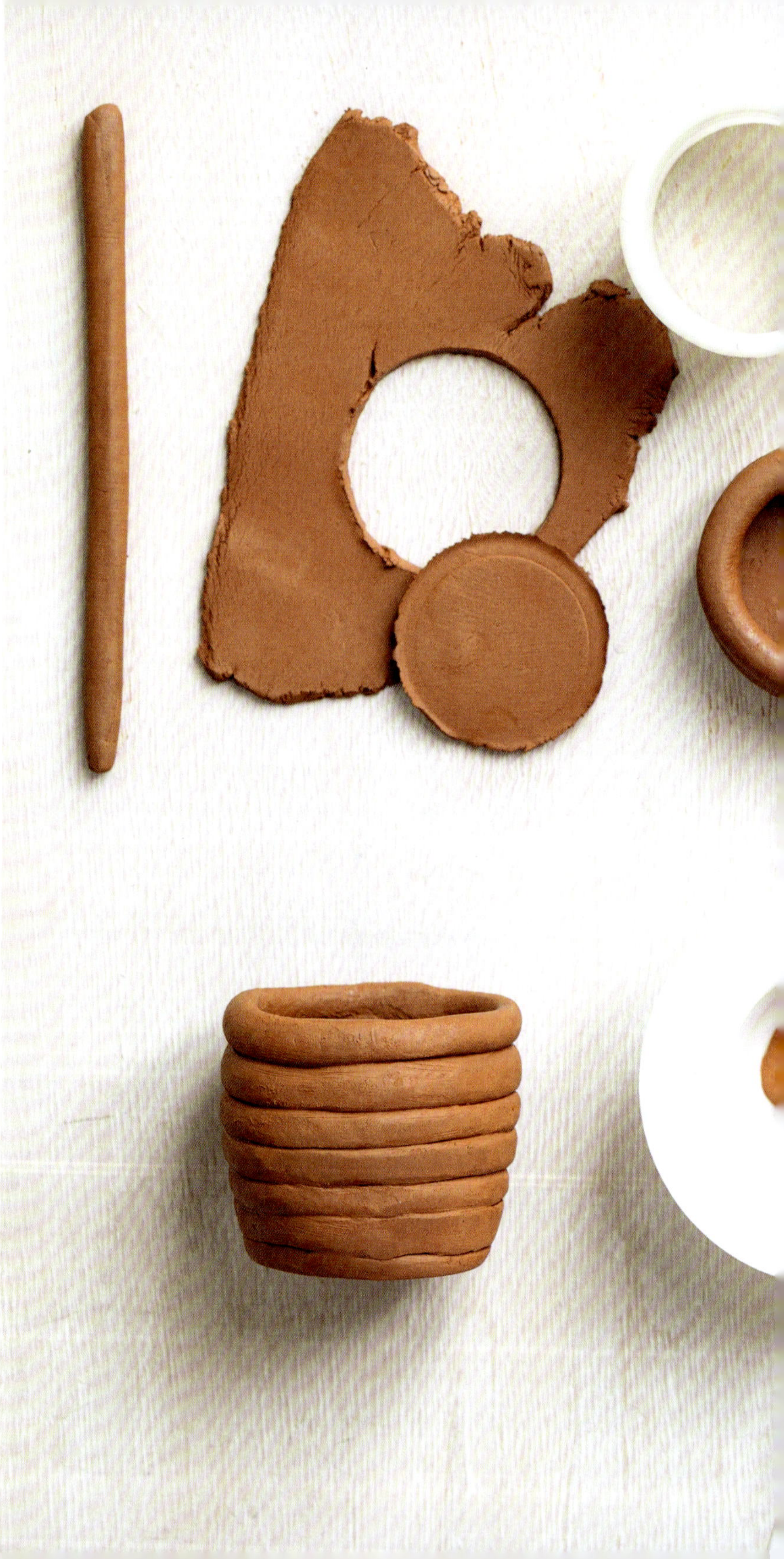

SO GEHT'S

1 Den Ton auf eine Stärke von 0,5 cm ausrollen. Eine kreisrunde Scheibe für den Gefäßboden ausschneiden.

Einen ca. 1 cm dicken Tonwulst formen, der für den Gefäßboden lang genug ist. Die Enden sauber abschneiden.

2 Den Schlicker am Innenrand des Bodens mit dem Pinsel auftragen. Den ersten Tonwulst anbringen. Dann mindestens fünf weitere daraufsetzen.

3 Mit dem Modellierholz die Nahtstellen zwischen den Wülsten glätten. Immer von unten nach oben streichen. Die erste Reihe mit der zweiten verbinden, die zweite mit der dritten und so weiter ...

Anmerkung: Sie müssen nicht innen und außen glätten; das eine oder das andere genügt. Reine Geschmackssache!

4 Mit der Töpfernadel auf der Rückseite des Topfs ein Loch stechen, damit er direkt an einem Nagel in der Wand oder an einer Schnur befestigt werden kann. Trocknen lassen.

5 Bei 1050 °C schrühen (Vorbrand).

Innenseite glasieren. Ein zweites Mal brennen (nicht nötig, wenn der Topf für draußen bestimmt ist).

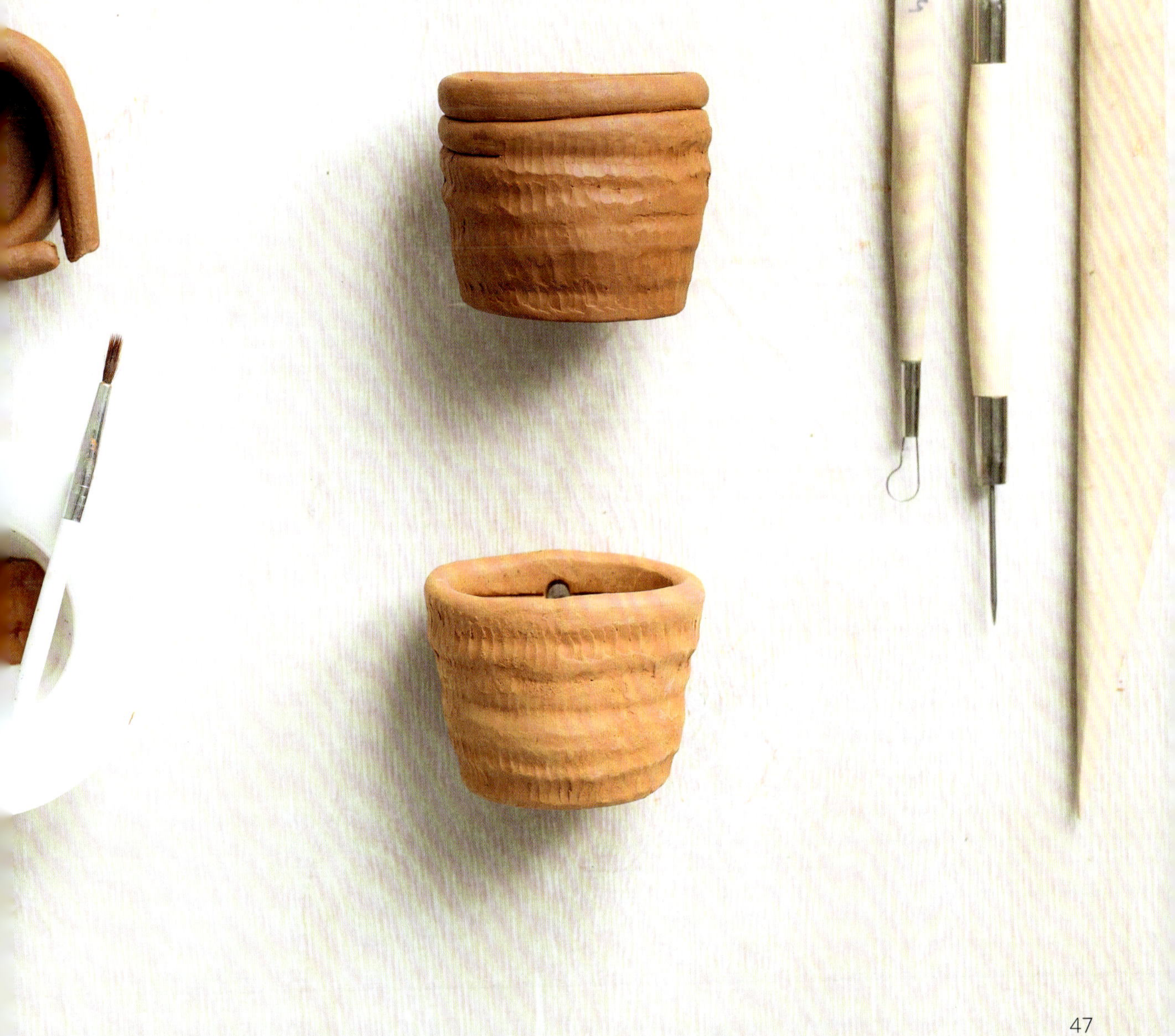

Fürs Wohnzimmer

ETHNISCHE **MASKEN**

TECHNIKEN: PLATTE **+** DURCHBRECHUNGEN **+** APPLIKATIONEN **+** ABDRUCKE

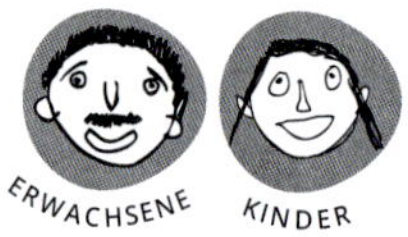

MATERIAL

- selbst härtender weißer Naturton von Créalia
- 2 Holzleisten in einer Stärke von 0,5/0,6 cm
- starker Eisendraht
- Spieße und Strohhalm, Kugelschreiber
- 1 Rundholz
- 1 Modelliermesser
- weiße Acrylfarbe
- kleine Bürste
- feiner Pinsel

Ideal mit Kindern, die bestimmt viele Ideen zur Gestaltung der Masken haben.

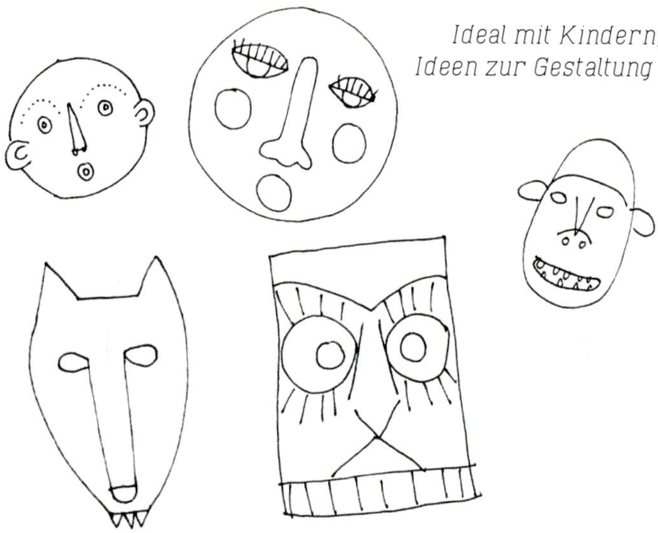

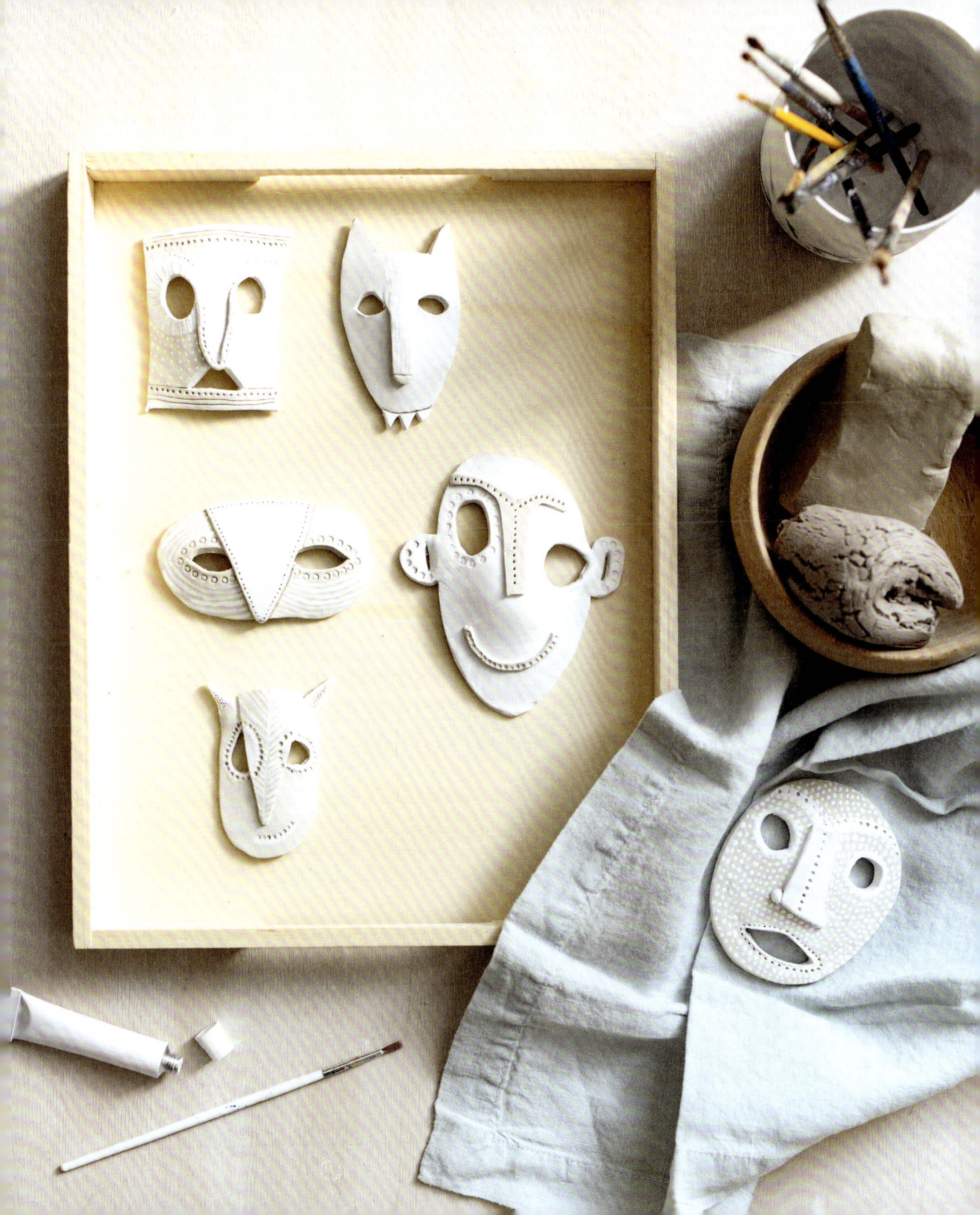

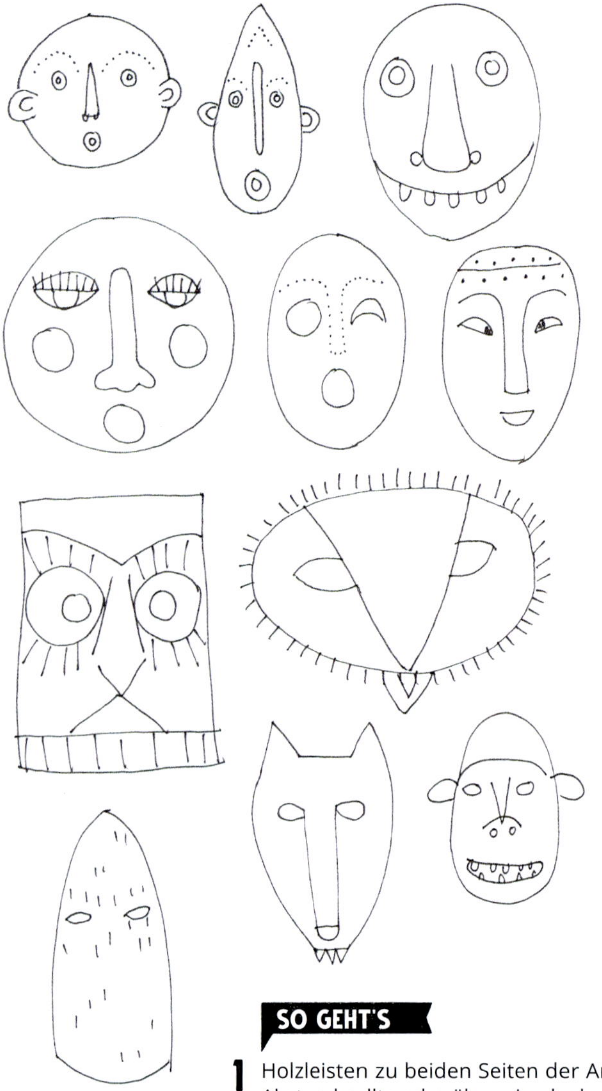

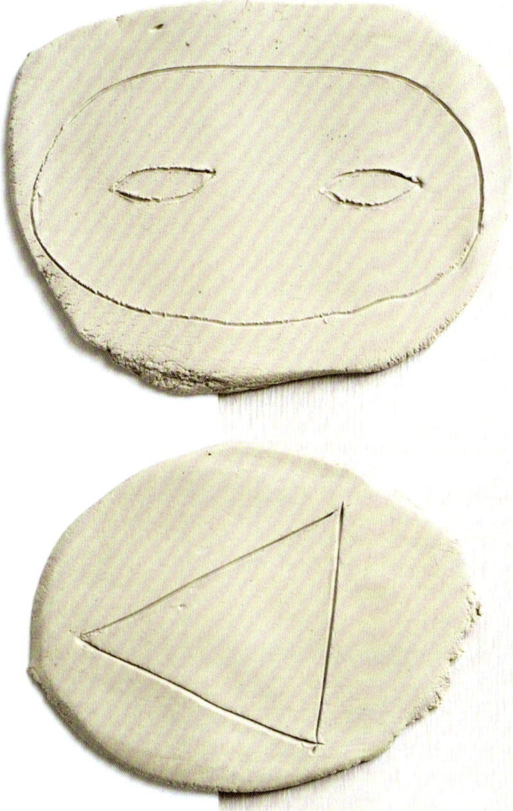

SO GEHT'S

1 Holzleisten zu beiden Seiten der Arbeitsfläche auslegen; der Abstand sollte schmäler sein als das Rundholz. Den Ton mittig positionieren, mit dem Rundholz ausrollen und dabei die Tonplatte regelmäßig um eine Vierteldrehung weiterdrehen. Die Holzleisten dienen dazu, eine gleichmäßig dicke Tonplatte zu erhalten.

Sobald die Platte ausgewalzt ist, Gesichtsform zeichnen oder zeichnen lassen. Innen die Augen- und Mundkonturen vorzeichnen. Dann die Formen ausschneiden (Erwachsene).

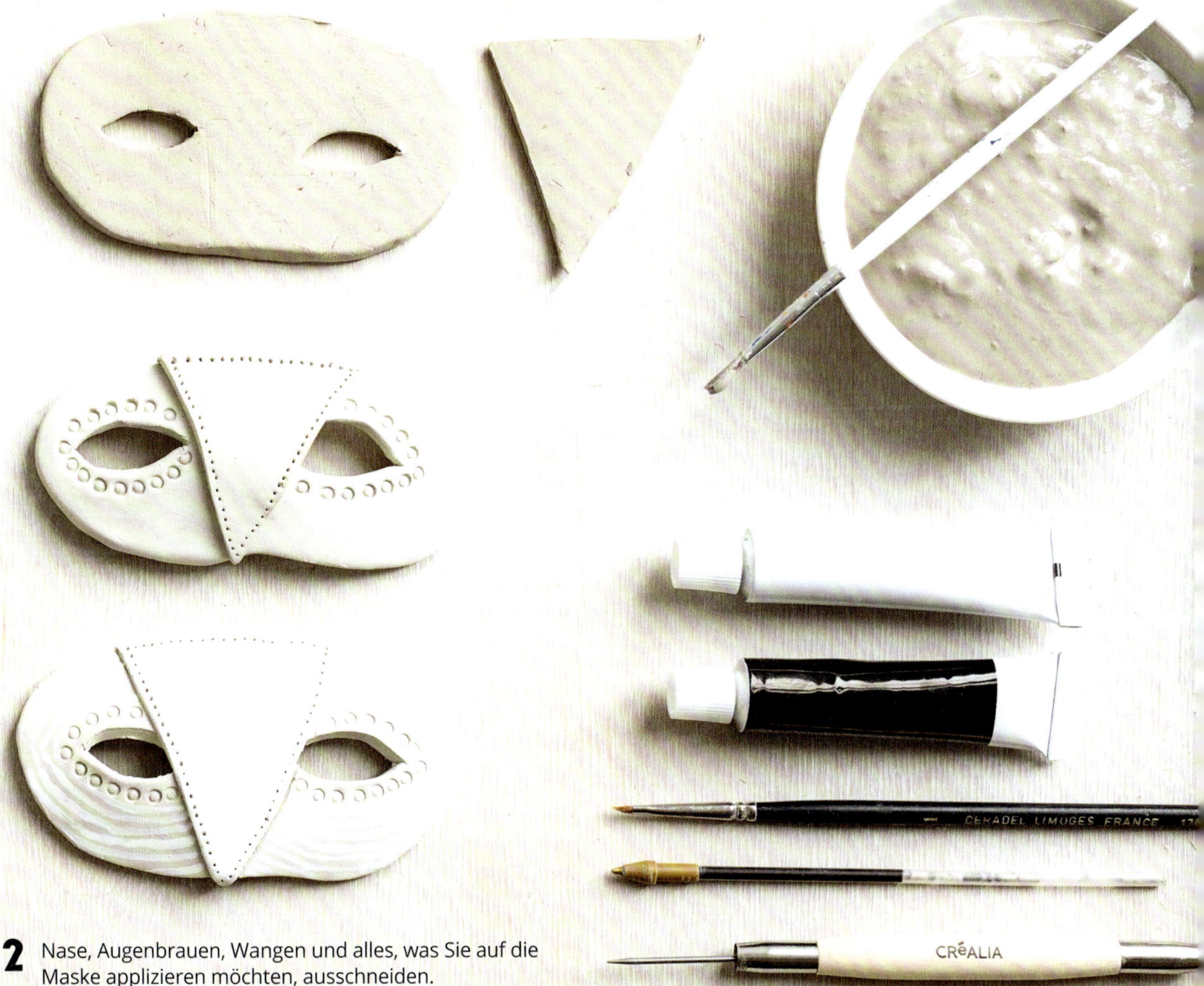

2 Nase, Augenbrauen, Wangen und alles, was Sie auf die Maske applizieren möchten, ausschneiden.

3 Diese Elemente mit Tonschlicker aufkleben.

4 Mit Linien aus Pünktchen und Kreisen verzieren.

5 Ein 1 cm langes Stück Eisendraht zu einem »U« biegen und auf der Rückseite der Maske als Aufhänger anbringen.

24 bis 48 Stunden trocknen lassen. Zum Bemalen lassen Sie sich von den abgebildeten Masken inspirieren – egal, ob Sie seidenmatte oder glänzende Masken bevorzugen!

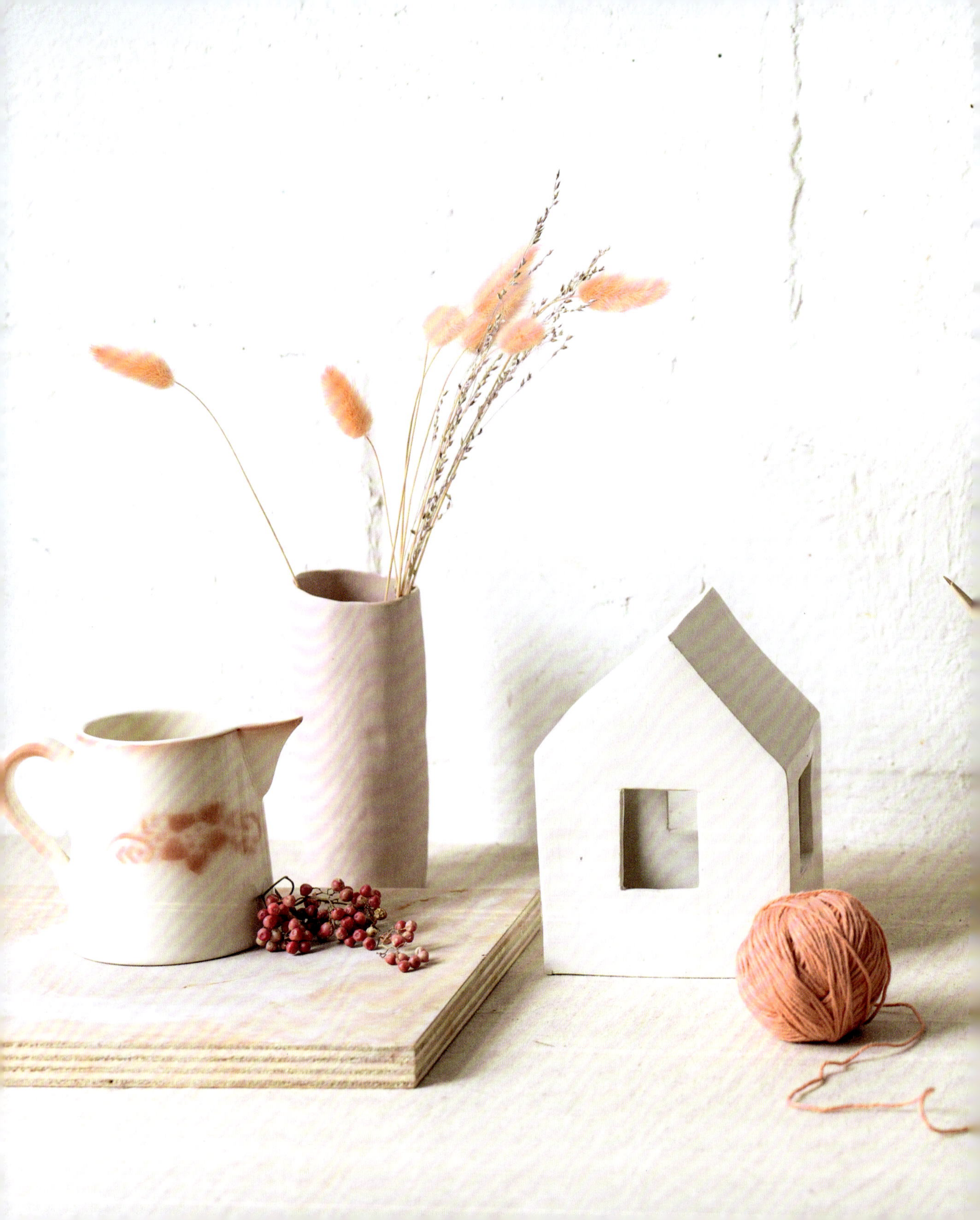

OBJEKTE FÜRS *Schlafzimmer*

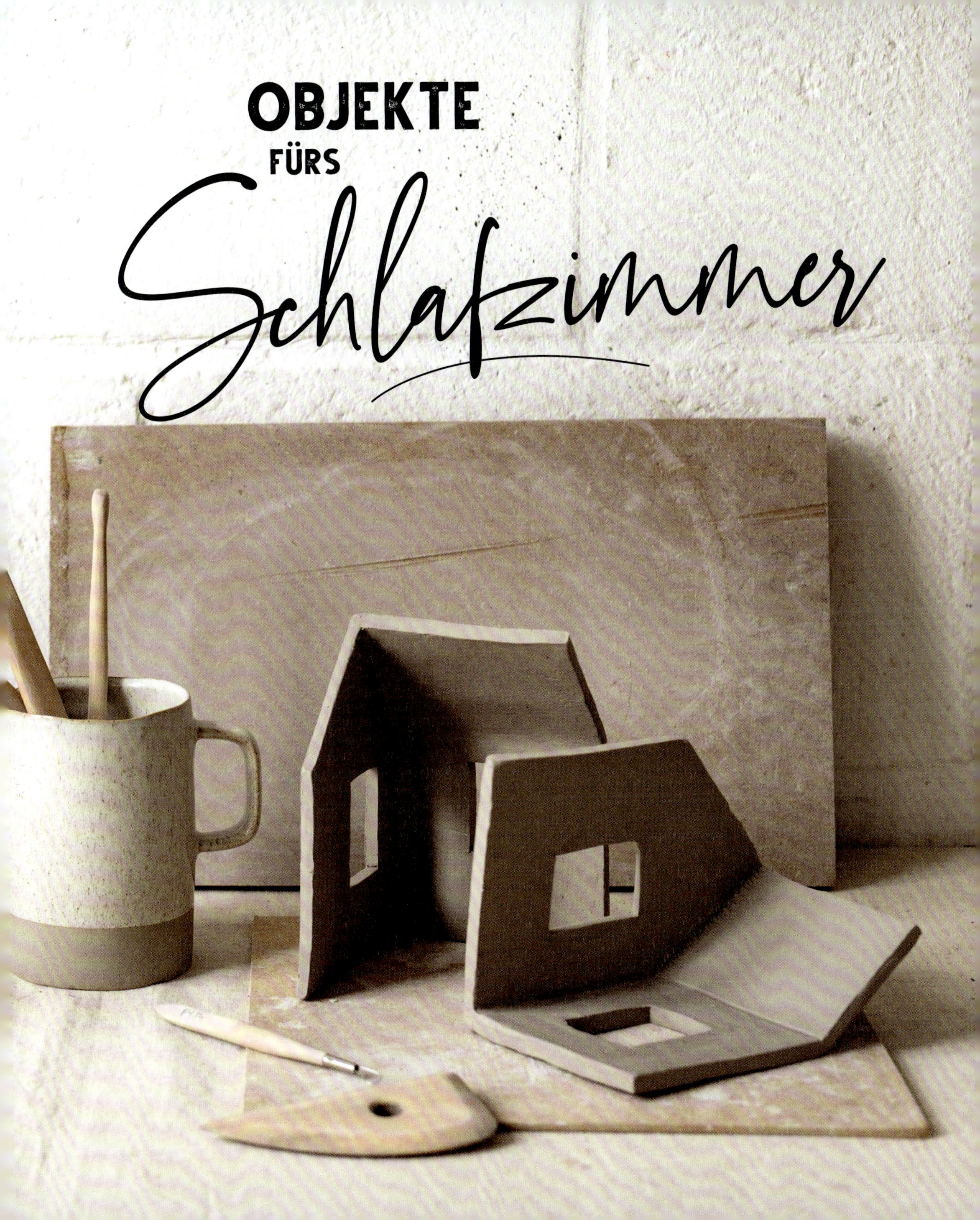

Fürs Schlafzimmer

HÄUSCHEN-WINDLICHT

TECHNIK: PLATTE

ERWACHSENE

MATERIAL

- 1,5 kg weißer Ton von Créalia
- 1 Rundholz
- 2 Holzleisten in einer Stärke von 0,5/0,6 cm
- Papierschablonen (Vorlage siehe S. 95) für die 4 Seiten; Größe nach Wahl, individuell angepasst
- Lineal
- 1 Modellierholz von Créalia
- Tonschlicker
- 1 Federstahl-Ziehklinge
- Schleifpapier, mittel- und feinkörnig

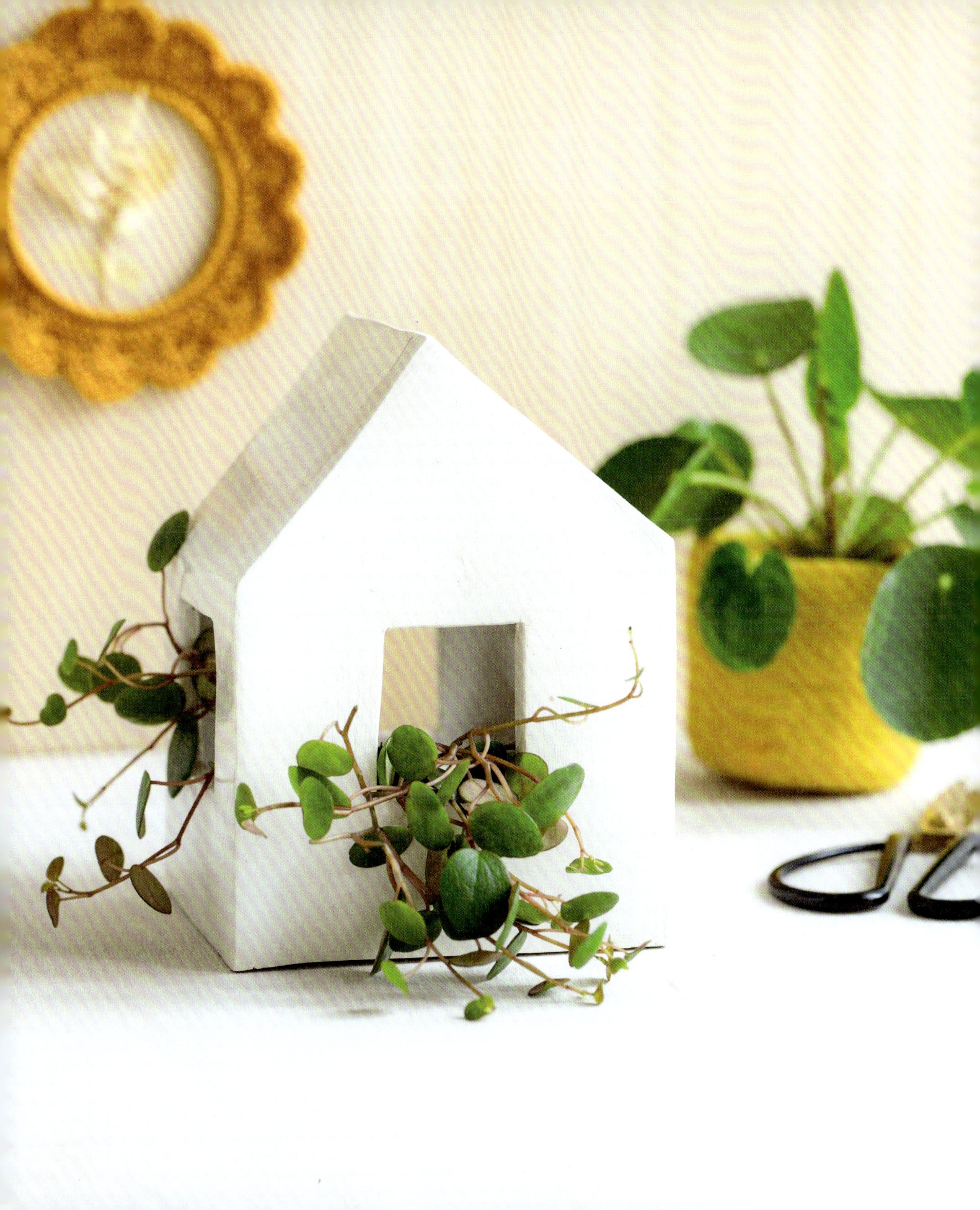

SO GEHT'S

1 Holzleisten zu beiden Seiten der Arbeitsfläche auslegen; der Abstand sollte schmäler sein als das Rundholz.

Teilen Sie den Ton in vier gleich große Teile. Jeweils ein Teil wird für eine Hausseite benötigt, die dann mithilfe der Schablonen ausgeschnitten wird.

Zunächst den Ton mittig positionieren, mit dem Rundholz ausrollen und dabei die Tonplatte regelmäßig um eine Vierteldrehung weiterdrehen. Die Holzleisten dienen dazu, eine gleichmäßig dicke Tonplatte zu erhalten.

2 Sobald die Tonplatte ausgewalzt ist, eine der vier Schablonen auflegen, mit der Hand andrücken, damit diese am Ton anhaftet, dann mit dem Rundholz darüberrollen. Die Schablone abnehmen.

3 Die Form und das Fenster ausschneiden. Für jede Hausseite auf gleiche Weise verfahren. Die Linie an den beiden Hausseiten markieren, an der später der Ton zum Dach umgeklappt wird.

Lederhart trocknen lassen.

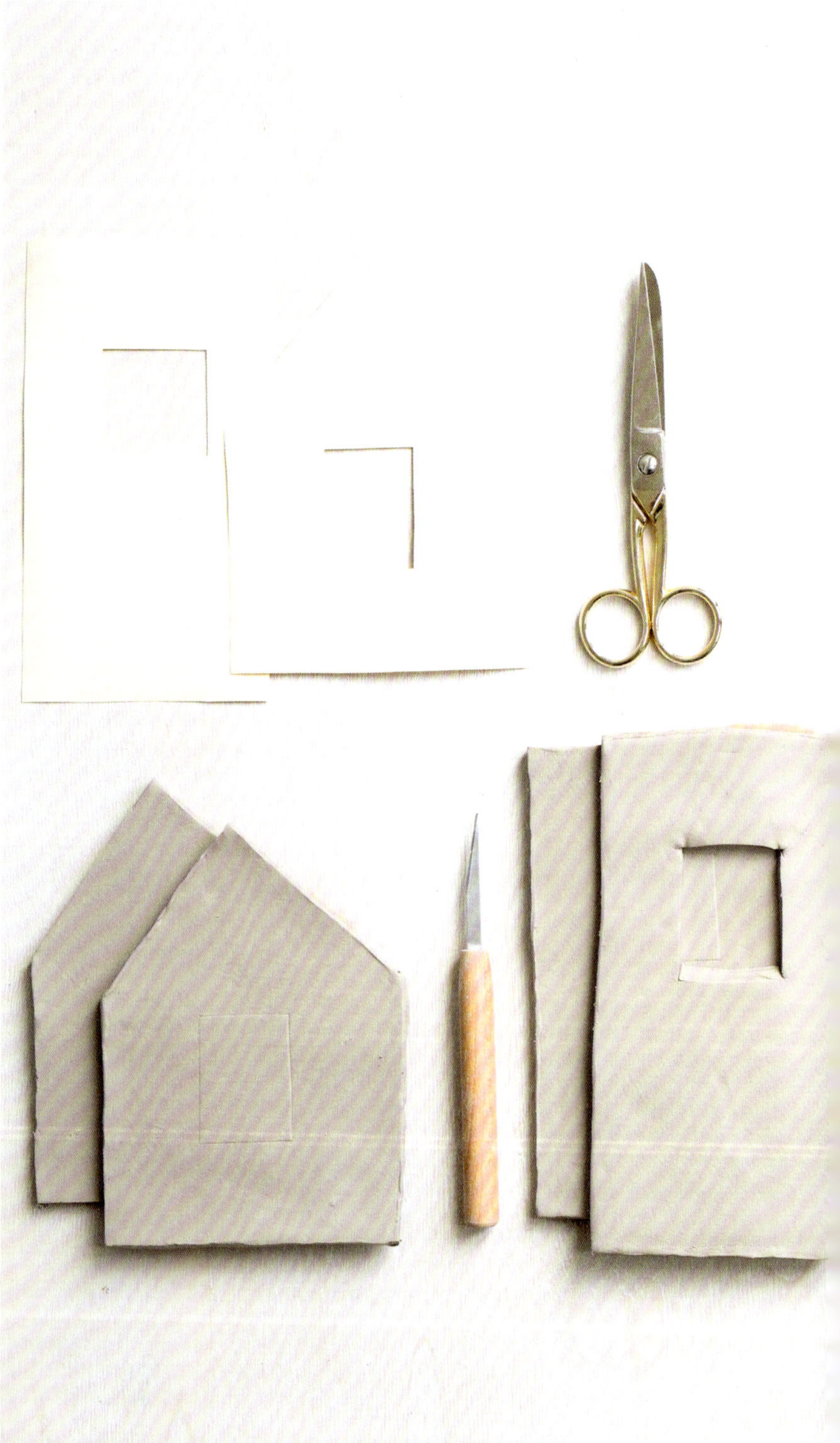

4 Jeweils zwei Hausseiten zusammenfügen: dazu sämtliche Kanten riffeln, mit Tonschlicker bestreichen und die Kanten fest aneinanderdrücken. Dünne Tonröllchen formen und diese jeweils am Innenwinkel der zusammengefügten Kanten anbringen. Mit horizontal geführtem Modellierholz verstreichen und abdichten, dann mit der Federstahl-Ziehklinge glätten, um saubere Innenkanten zu erhalten.

5 Die beiden Haushälften nun auf die gleiche oben beschriebene Weise fertig zusammenfügen.

6 Antrocknen lassen und gegebenenfalls abschleifen.

7 Eine Woche trocknen lassen, dann schrühen (Vorbrand).

8 Leicht verdünnte Überglasur auftragen, dann ein zweites Mal brennen; dabei die auf der Packung angegebene Glasiertemperatur beachten!

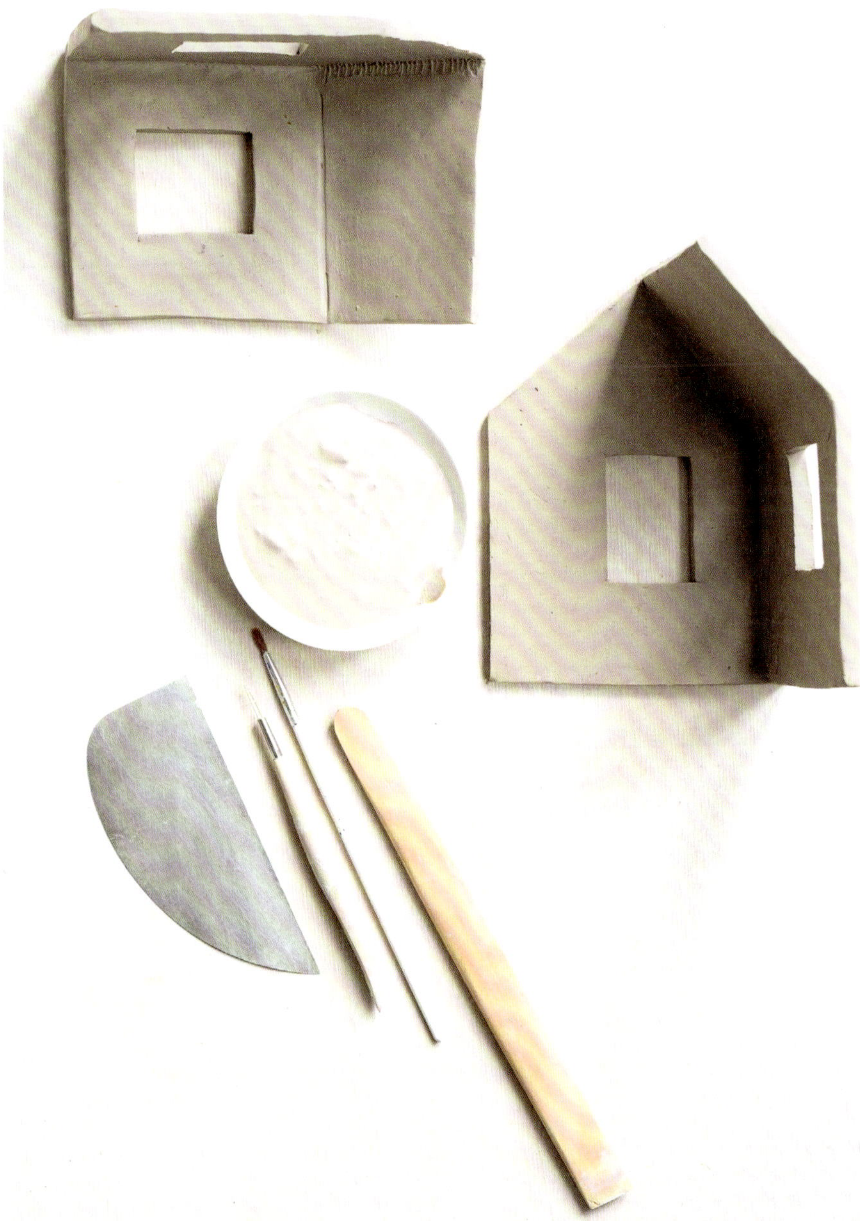

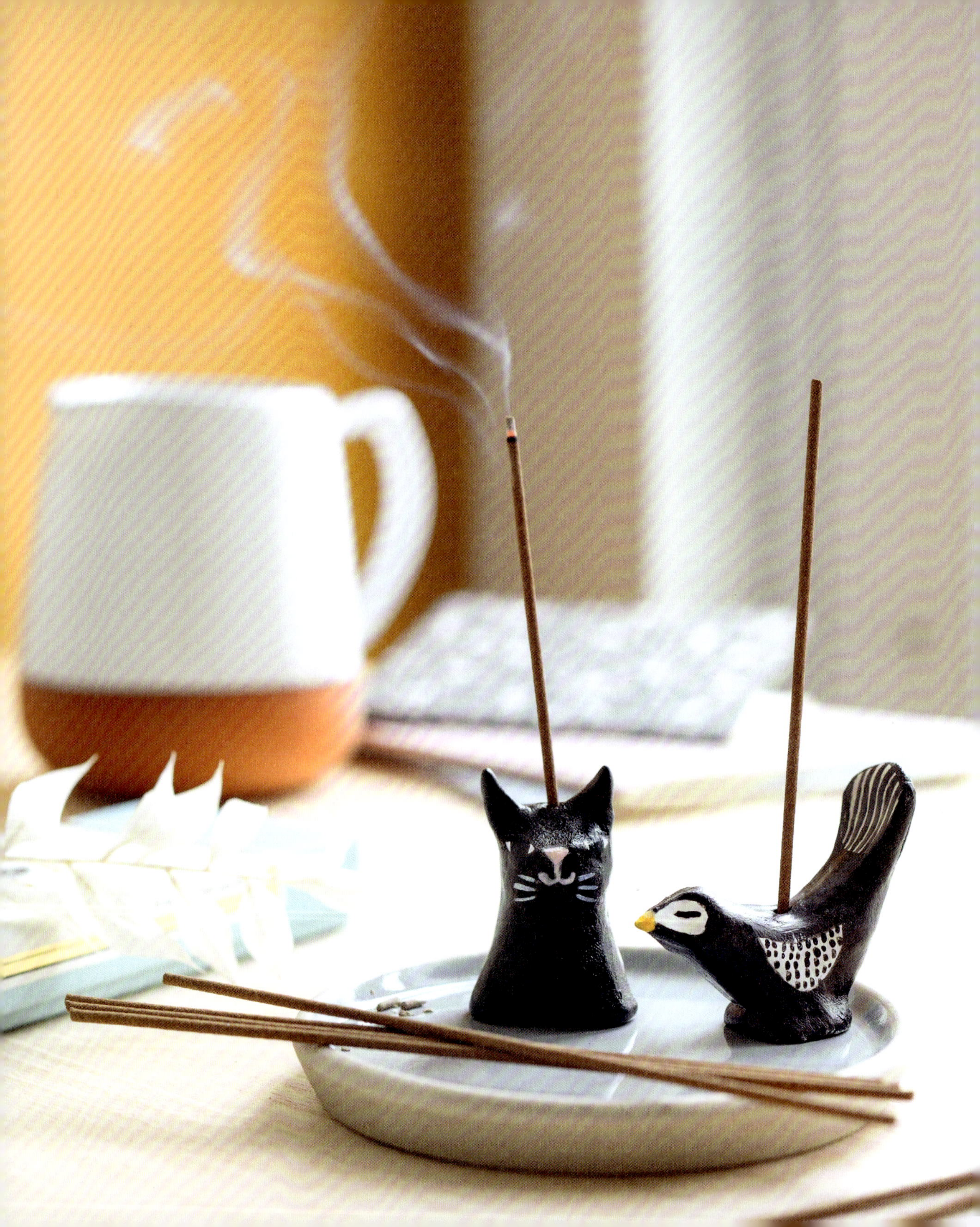

Fürs Schlafzimmer

RÄUCHERSTÄBCHEN-HALTER

TECHNIK: EINFACHES MODELLIEREN

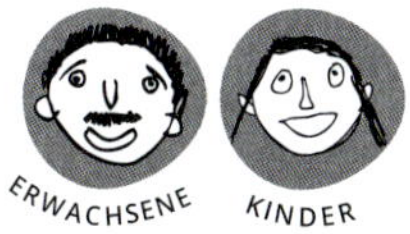

MATERIAL

- Selbst härtende Tone von Créalia, Farbe nach Wahl (Weiß, Rot, Schwarz)
- Wasser
- Grillspieß
- Pinsel
- Gouache und Lack oder Acrylfarbe

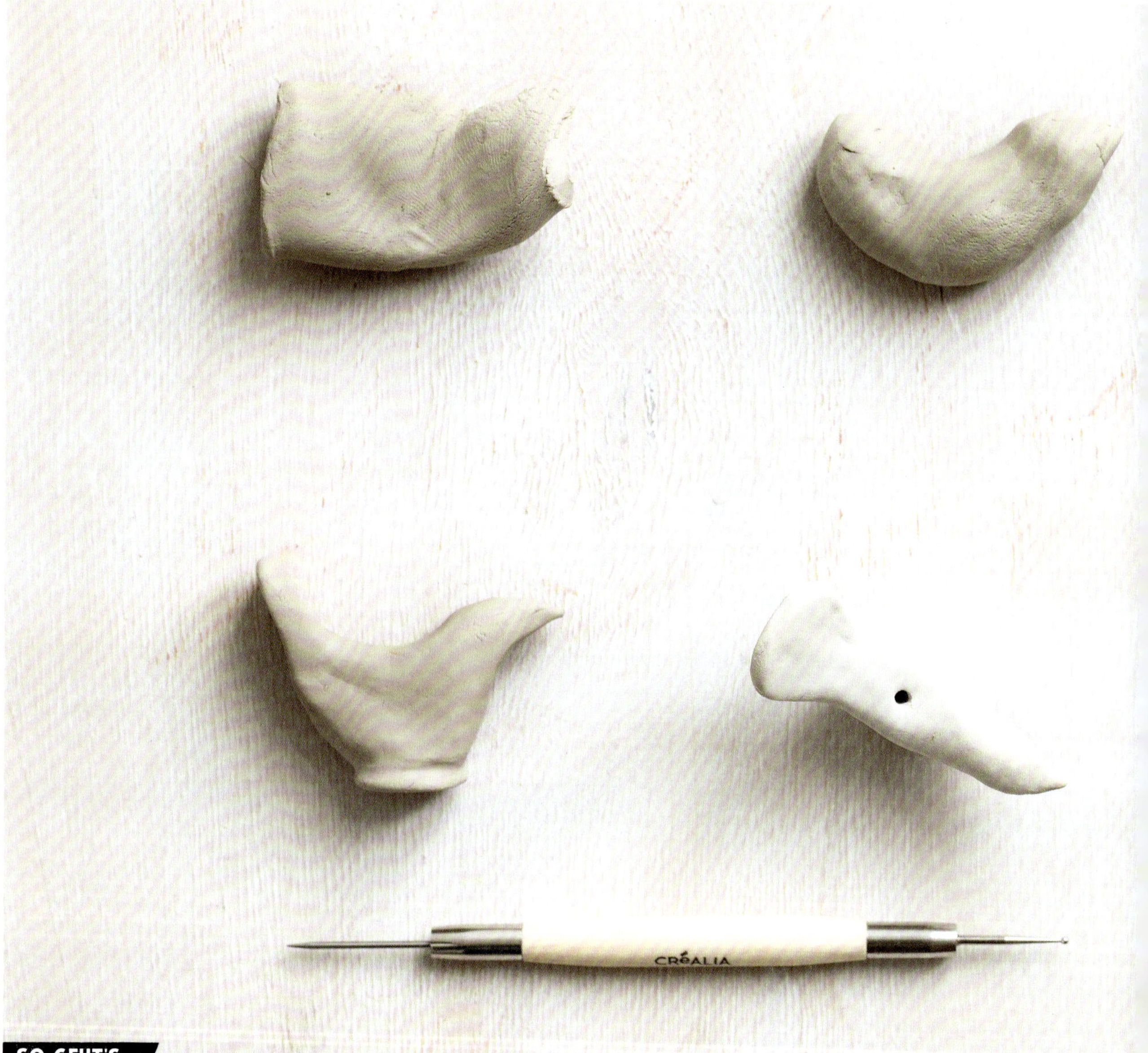

SO GEHT'S

1 Tierfigürchen formen nach der Art, wie Kinder das tun, ohne Details herauszuarbeiten. Mit angefeuchteten Fingern die Oberfläche glätten. Die Gesamtsilhouette modellieren: den Körper, die Pfoten, den Schwanz, die Flügel, die Ohren – je nachdem, um welches Tier es sich handelt.

2 Auf der Oberseite ein Loch stechen, tief und groß genug, damit ein Räucherstäbchen darin Platz hat.

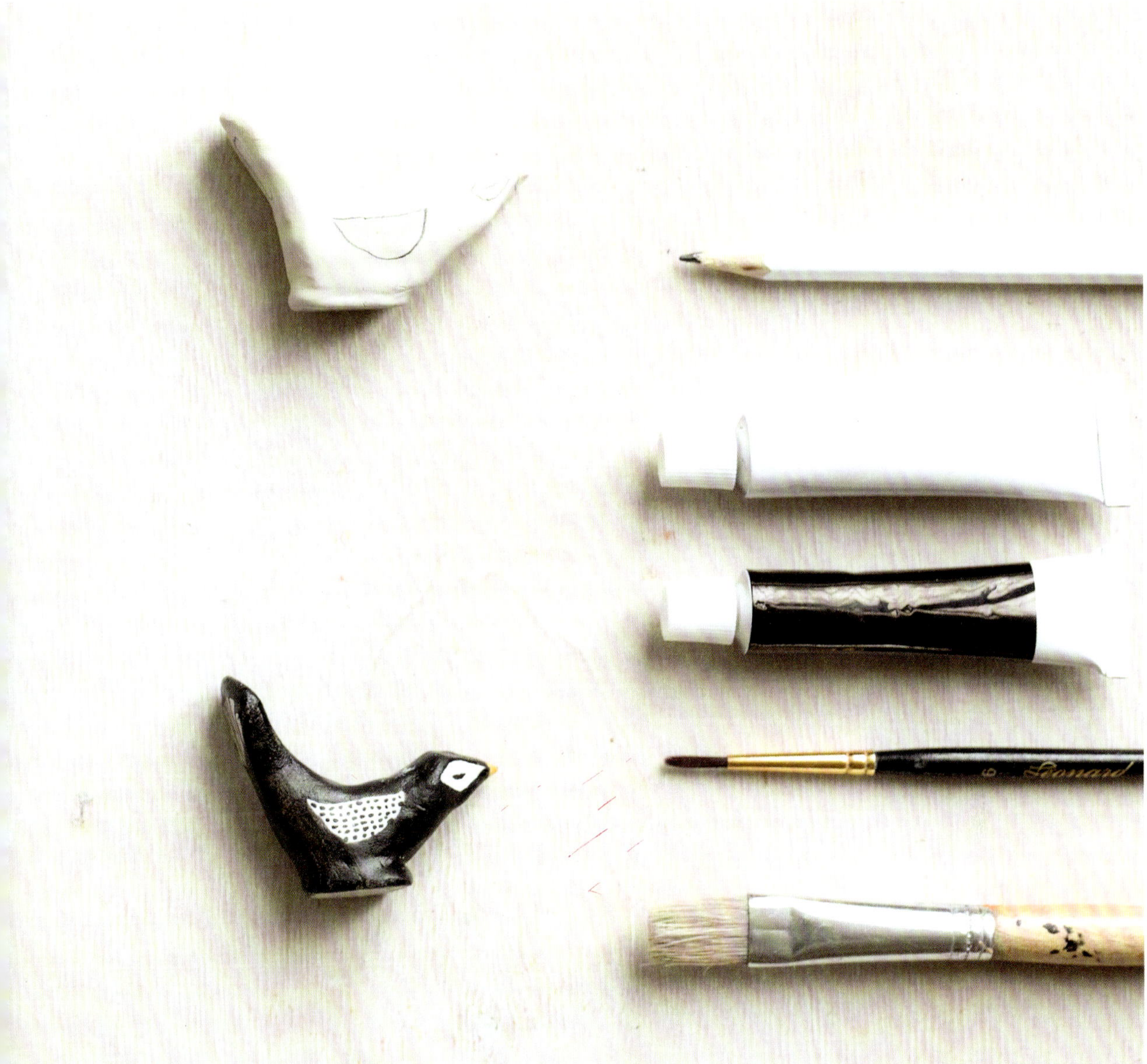

3 Trocknen lassen.

4 Details wie Fell, Federn, Augen, Ohren, Schnauze, Schnabel etc. aufmalen, trocknen lassen und nach Belieben lackieren.

Fürs Schlafzimmer

KATZENLAMPE

TECHNIKEN: AUSFORMEN **+** AUSHÖHLEN **+** ENGOBIEREN

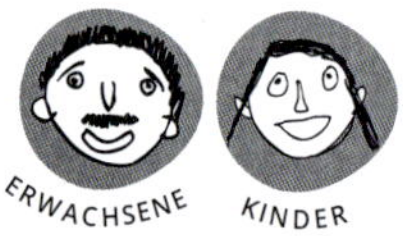

zum Verzieren

MATERIAL

- 1 kg weißer Ton von Créalia
- 1 feuchter Schwamm
- Schneidedraht
- Modellierschlingen von Créalia (groß, mittel und klein)
- Engoben
- Elektrik und Glühbirne

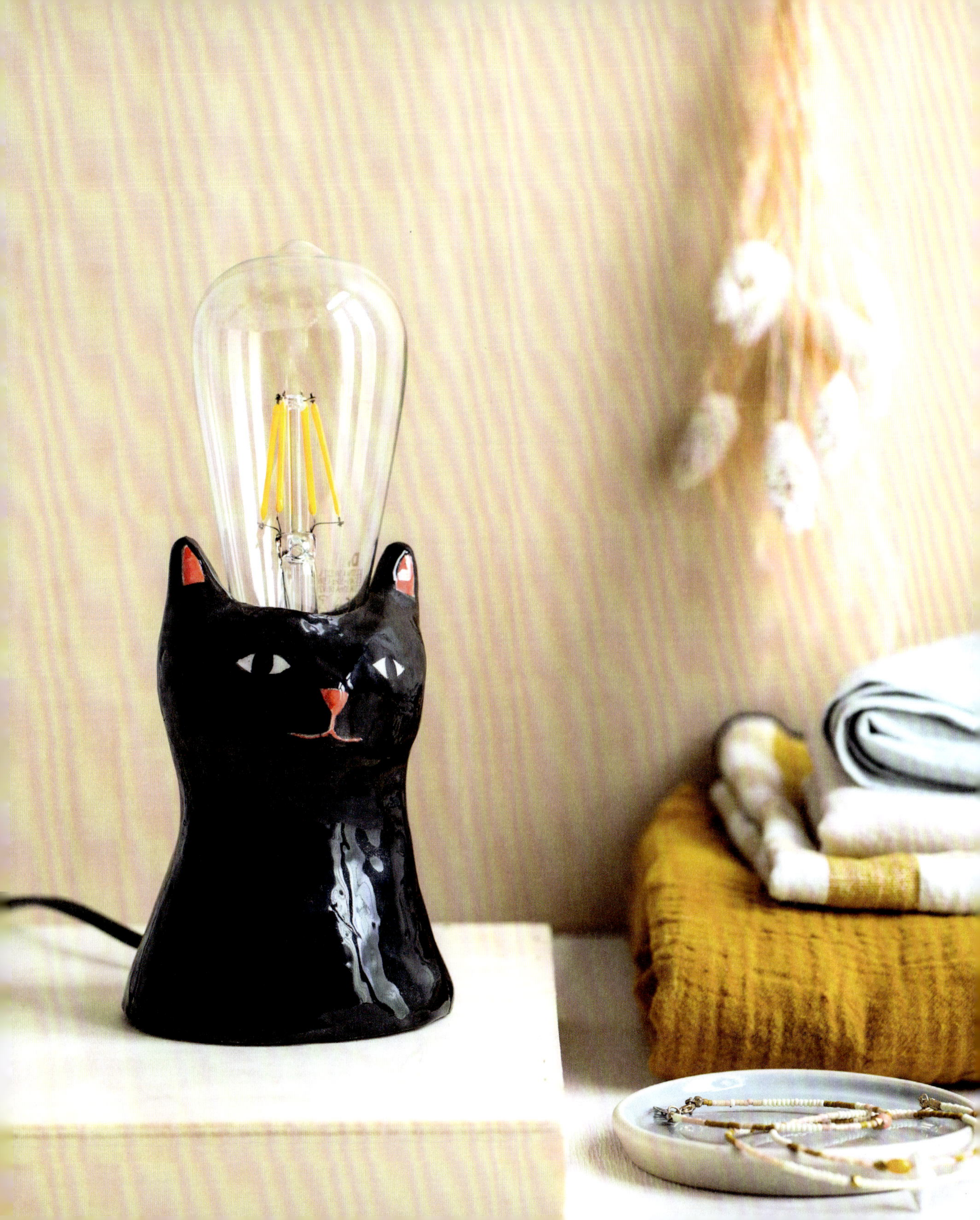

SO GEHT'S

1 Aus dem Ton einen ca. 15 cm hohen Berg mit ca. 10 cm Bodendurchmesser formen.

2 Den Berg aus Ton so ausformen, dass ein schlanker Katzenhals und eine Schnauze entstehen.

3 Am Scheitel mit dem Finger eine Mulde eindrücken und beidseitig die Ohren hochziehen. Mit einem feuchten Schwamm die Tonoberfläche glätten. Lederhart trocknen lassen.

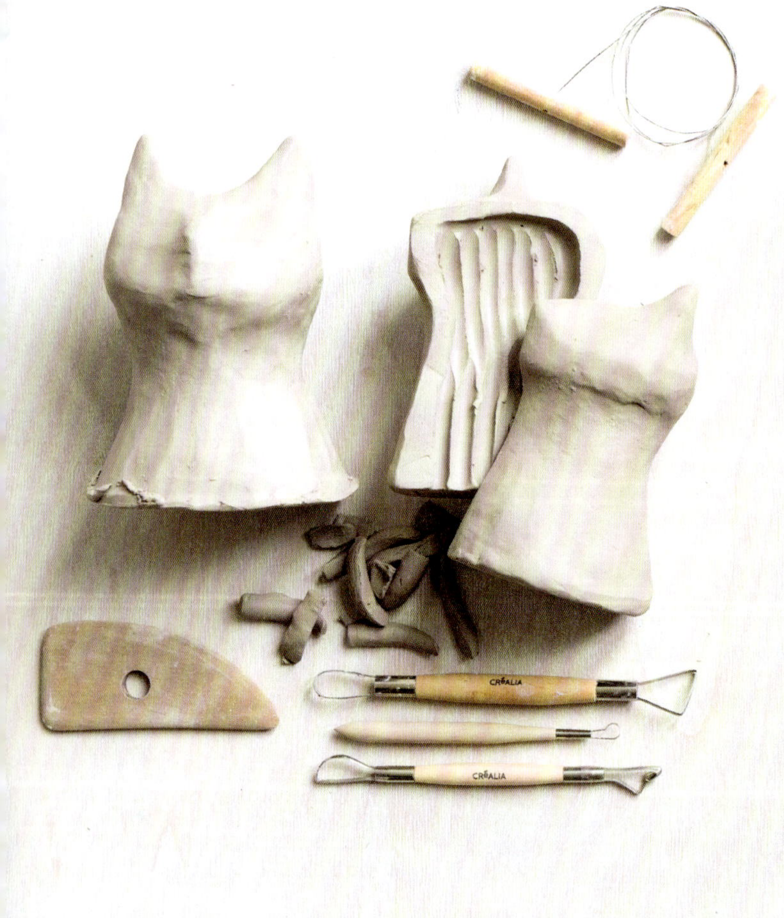

4 Mit einem Schneidedraht die Katze vom Kopf über die Nase bis zum Hals in der Mitte durchschneiden.

5 Zuerst mit der großen, dann der mittleren und zuletzt mit der feinen Modellierschlinge die Tonhälften bis auf ca. 0,5 cm Wandstärke aushöhlen.

6 Die zu verklebenden Ränder riffeln, um die Katze wieder zusammenzusetzen, mit Tonschlicker bestreichen, und die Ränder fest gegeneinanderdrücken. Dünne Tonröllchen formen und entlang der Nahtstelle anbringen; mit dem horizontal geführten Modellierholz abdichten. Wenn die Nahtstelle verstrichen und geglättet ist, mit einem feuchten Schwamm leicht abtupfen.

Die Hohlform von unten her auf die gleiche Weise bearbeiten und glätten.

7 Auf der Rückseite der Katze mit dem Modelliermesser eine Aussparung in den Ton schneiden, durch die das Stromkabel geführt werden kann. Eine Öffnung in die Schädelkalotte schneiden. Ihr Durchmesser sollte für die ausgewählte Lampenfassung passen. Die Fassung wird durch die Glühbirne gehalten. Wenn das nicht funktioniert, mit Expoxidharz innen ankleben (nach dem Brennen!).

8 Mit einem feinen Pinsel die Ohrendreiecke, die Schnauze und die Lefzen vorskizzieren; mit einem etwas dickeren Pinsel ausmalen.

9 Mit einem feinen Pinsel die Augenkonturen vormalen und für das Fell Kopf und Hals mit einem dickeren Pinsel kolorieren; ebenso die Katzenpupillen schwarz ausmalen.

Circa eine Woche trocknen lassen.

Das Werkstück vorbrennen.

10 Vor dem zweiten Brennen gleichmäßig und gut deckend die Glasur auftragen.

11 Elektrik installieren.

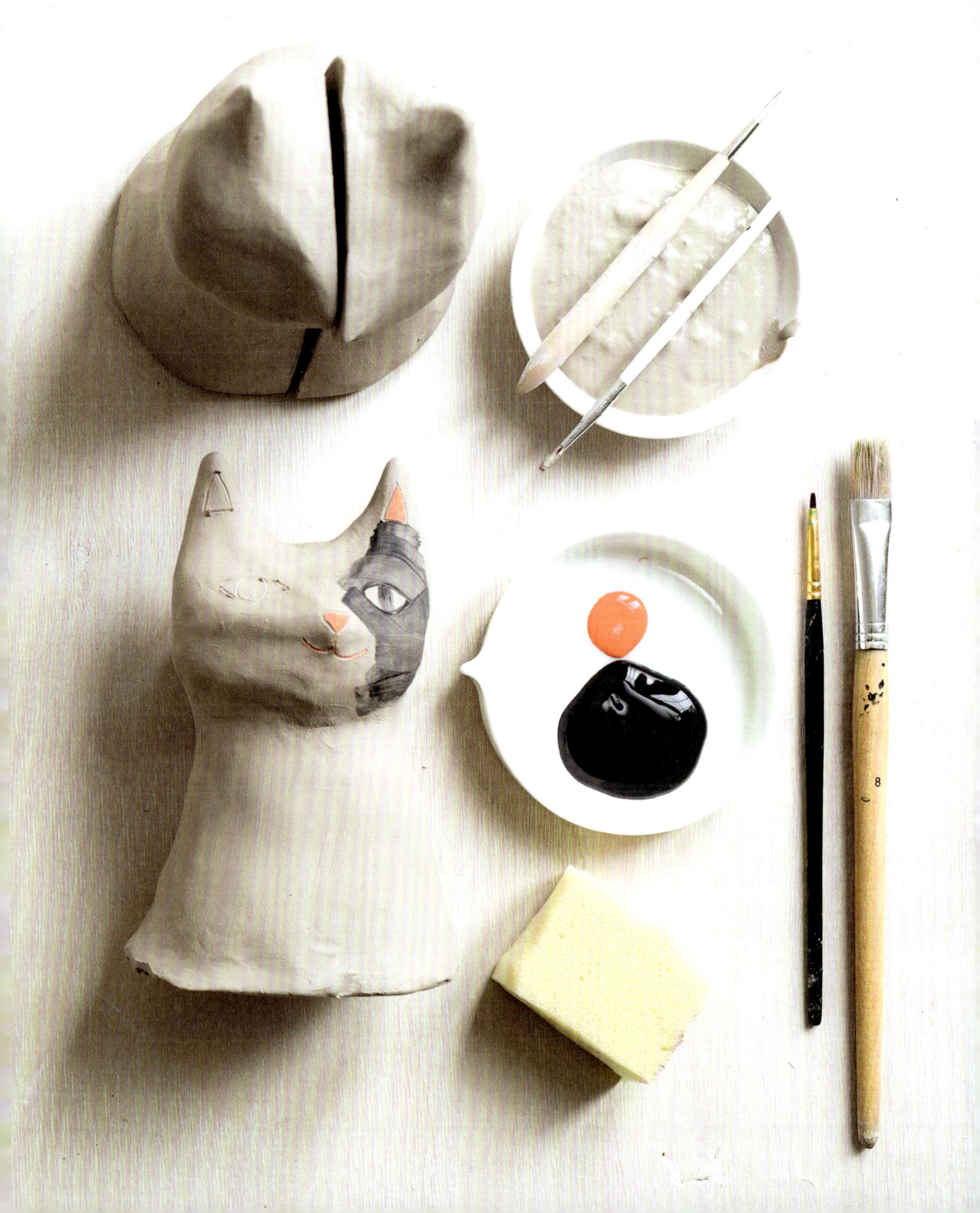

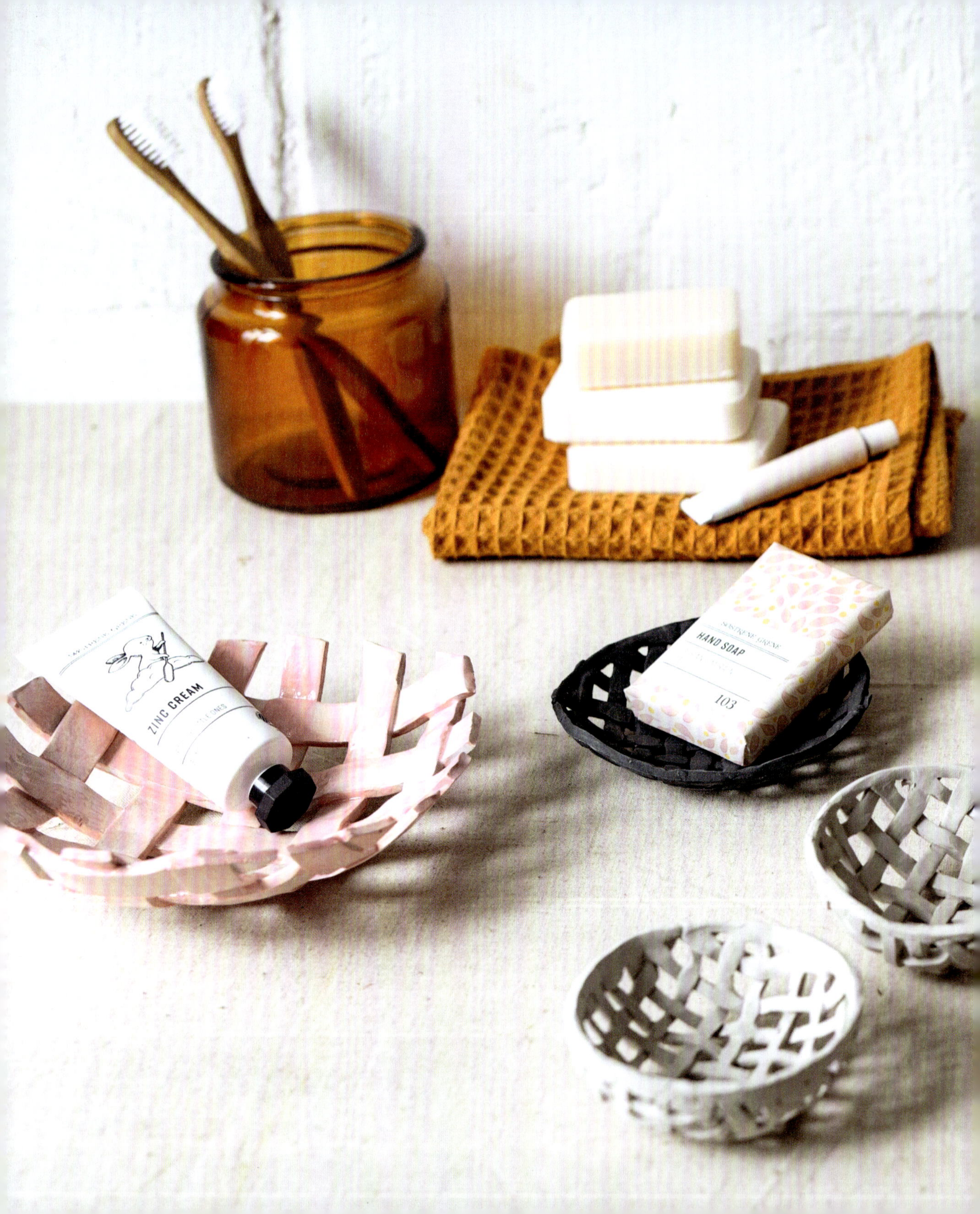
ZINC CREAM
HAND SOAP
103

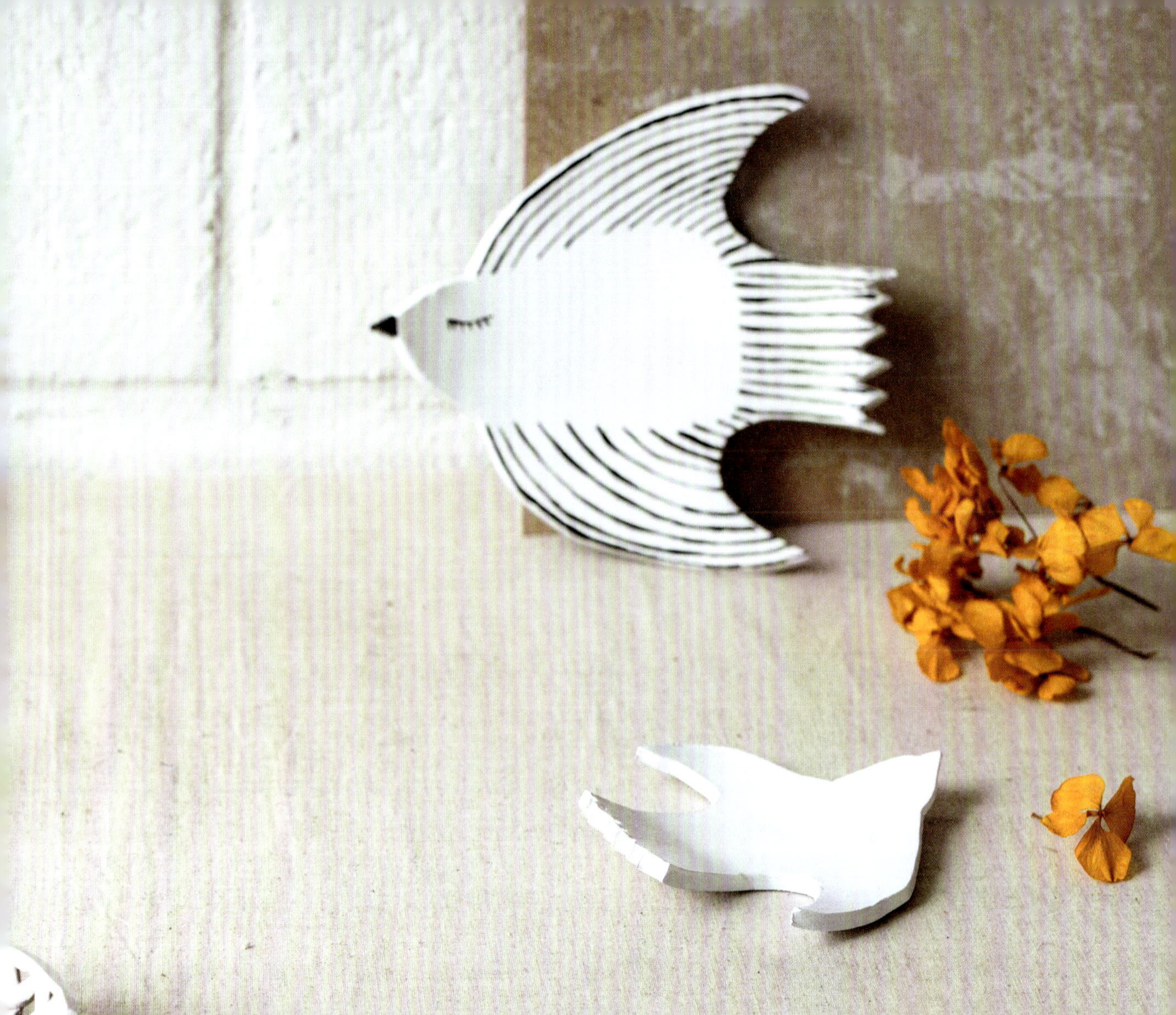

OBJEKTE FÜRS Bad

Fürs Bad

SCHMUCKHALTER

TECHNIKEN: PLATTE + EINFORMEN

ERWACHSENE

MATERIAL

- 500 g selbst härtender Naturton von Créalia, Farbe nach Wahl, hier: Weiß
- Vogelschablone (Vorlage siehe S. 94) aus Papier; Größe nach Wahl, individuell angepasst
- 1 feuchter Schwamm
- 1 Modelliermesser
- 2 Holzleisten in einer Stärke von 0,5/0,6 cm
- 1 Rundholz
- 1 Suppenteller
- Zeitungspapier
- Schleifpapier (mittel- und feinkörnig)
- Pinsel für Acryl- oder Gouachefarben + Lack

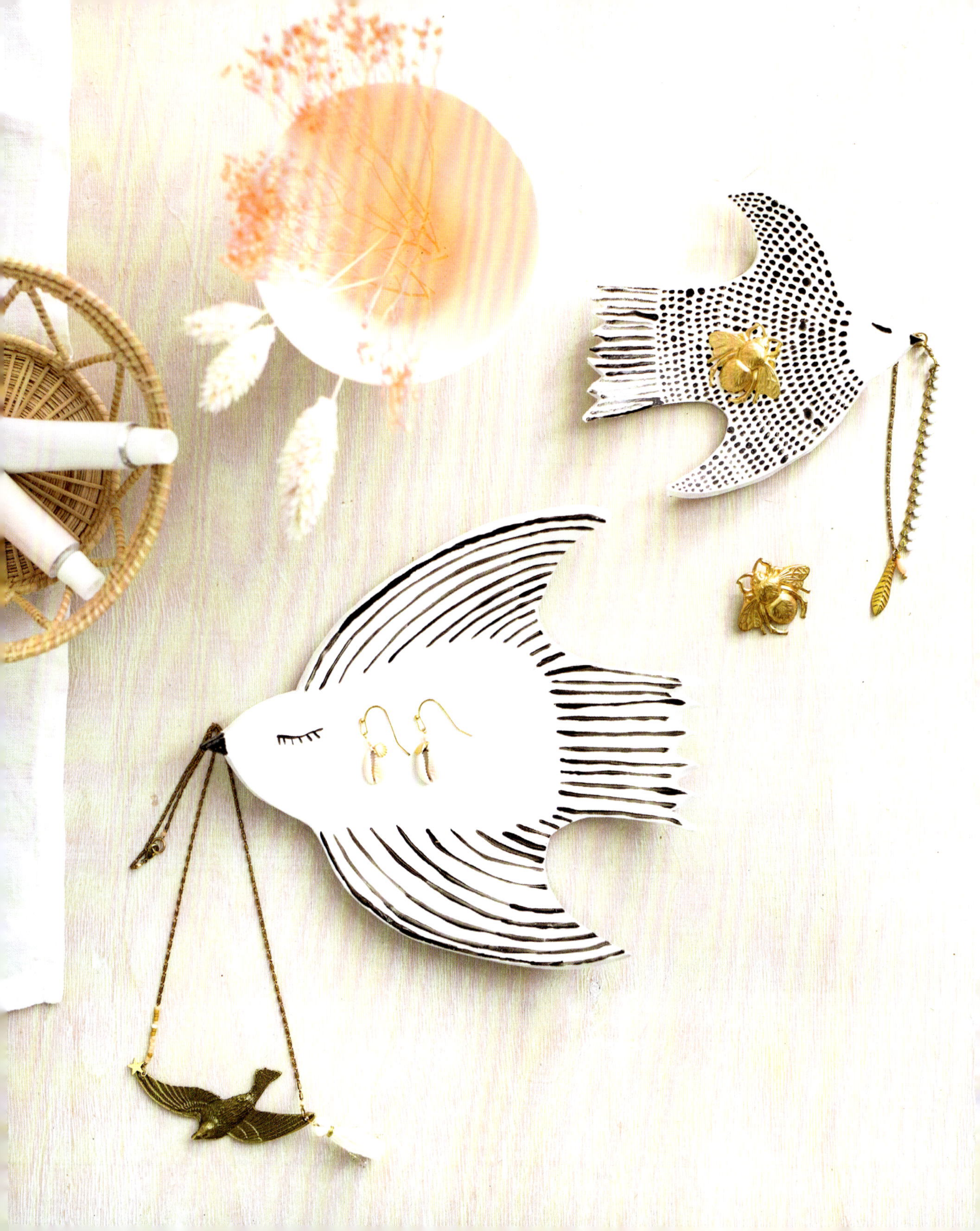

SO GEHT'S

1 Holzleisten zu beiden Seiten der Arbeitsfläche auslegen; der Abstand sollte schmäler sein als das Rundholz.

Den Ton mittig positionieren, mit dem Rundholz ausrollen und dabei die Tonplatte regelmäßig um eine Vierteldrehung weiterdrehen. Die Holzleisten dienen dazu, eine gleichmäßig dicke Tonplatte zu erhalten.

2 Sobald die Platte ausgewalzt ist, die Schablone auflegen, mit der Hand andrücken, damit sie am Ton anhaftet, dann mit dem Rundholz darüberrollen. Die Vogelform ausschneiden und die Papierschablone abnehmen.

3 Einen leicht mit Wasser benetzten Suppenteller mit Zeitungspapier auskleiden, dann den Vogel darauf platzieren; so wird er beim Trocknen seine konkave Schälchenform beibehalten. Die Tonfläche bis zu den Rändern mit einem feuchten Schwamm abwischen und 24 bis 48 Stunden trocknen lassen.

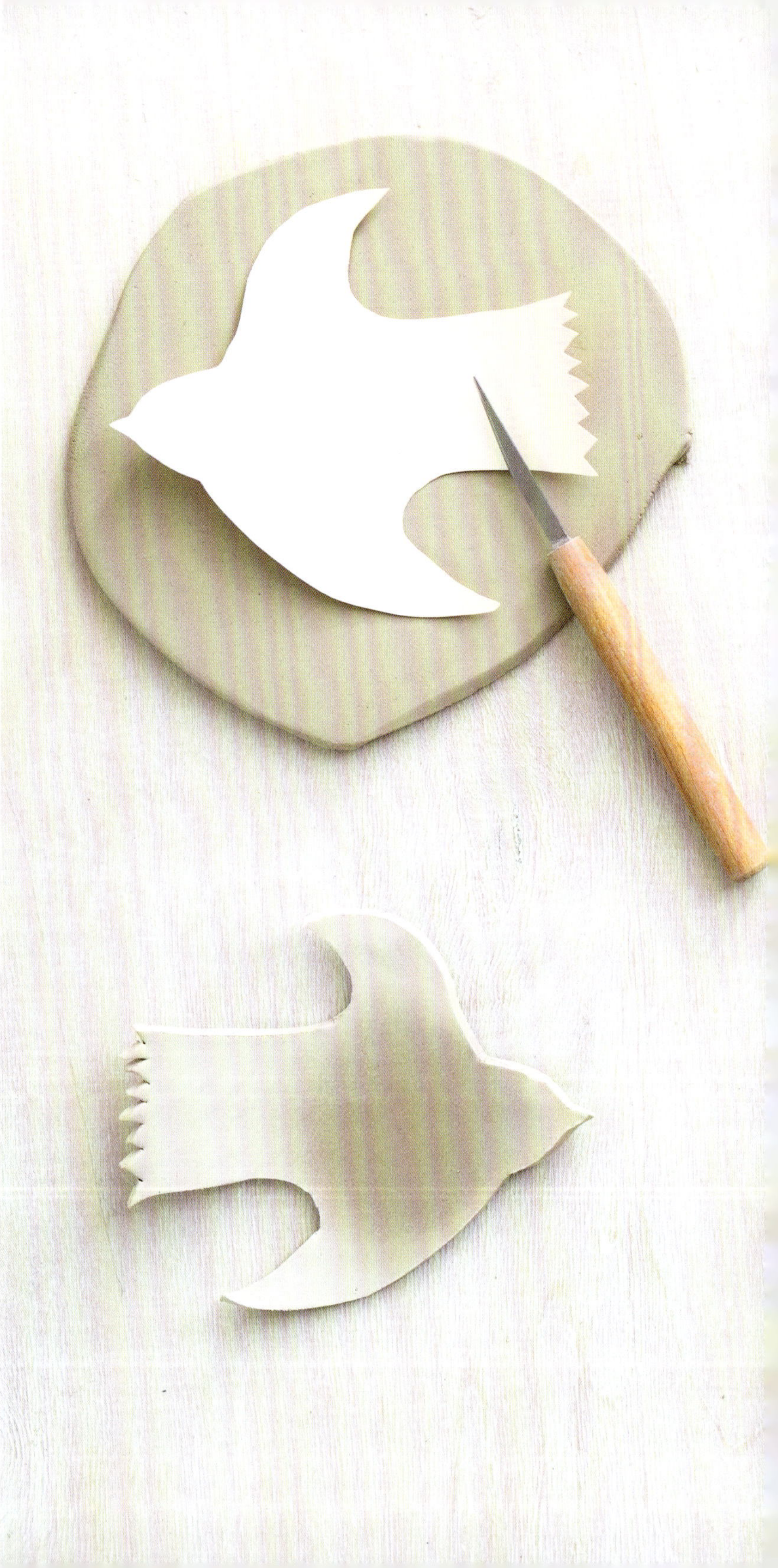

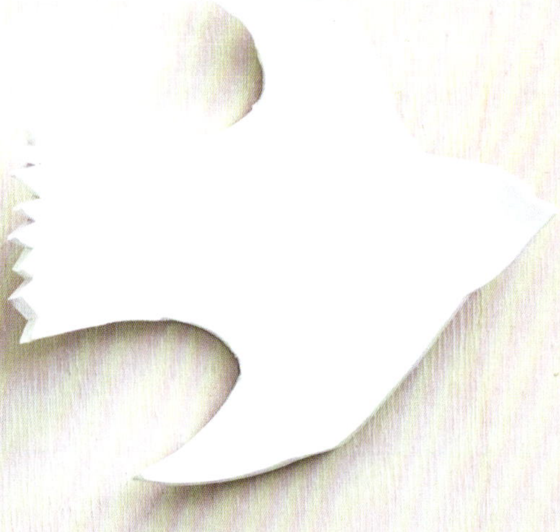

4 Sobald der Vogel getrocknet ist, die Unterseite des Schälchens mit Schleifpapier leicht abschleifen – erst mit dem mittelkörnigen, dann mit dem feinkörnigen Papier.

5 Den Vogel bemalen und dabei der eigenen Kreativität freien Lauf lassen.

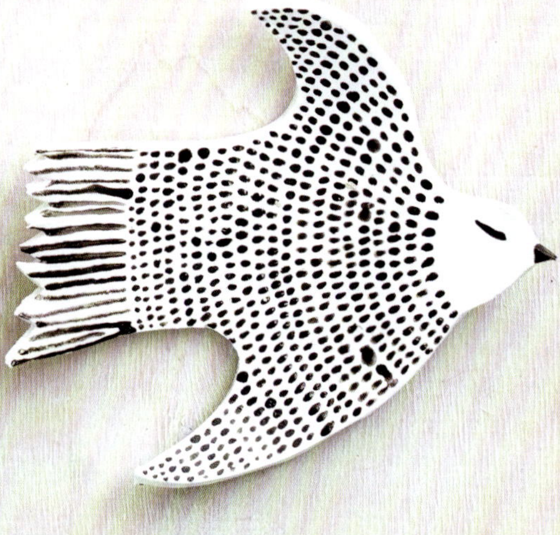

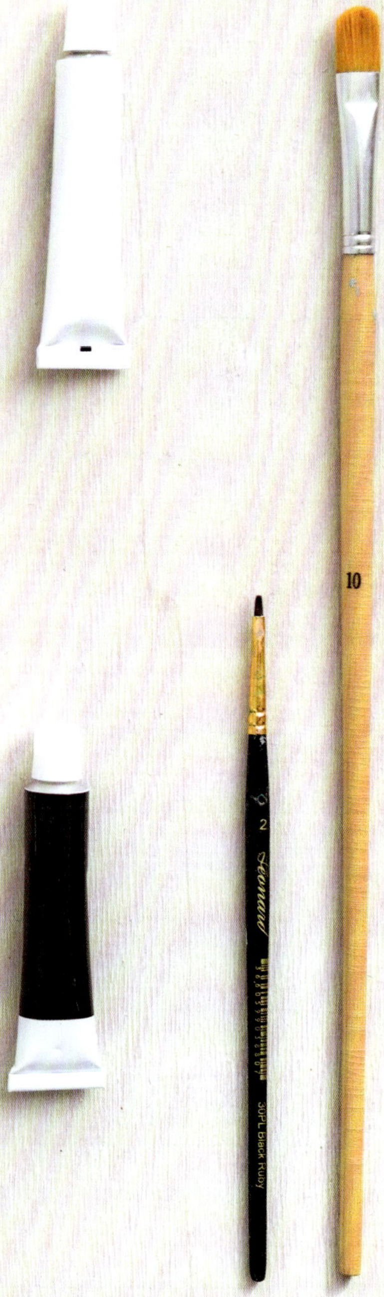

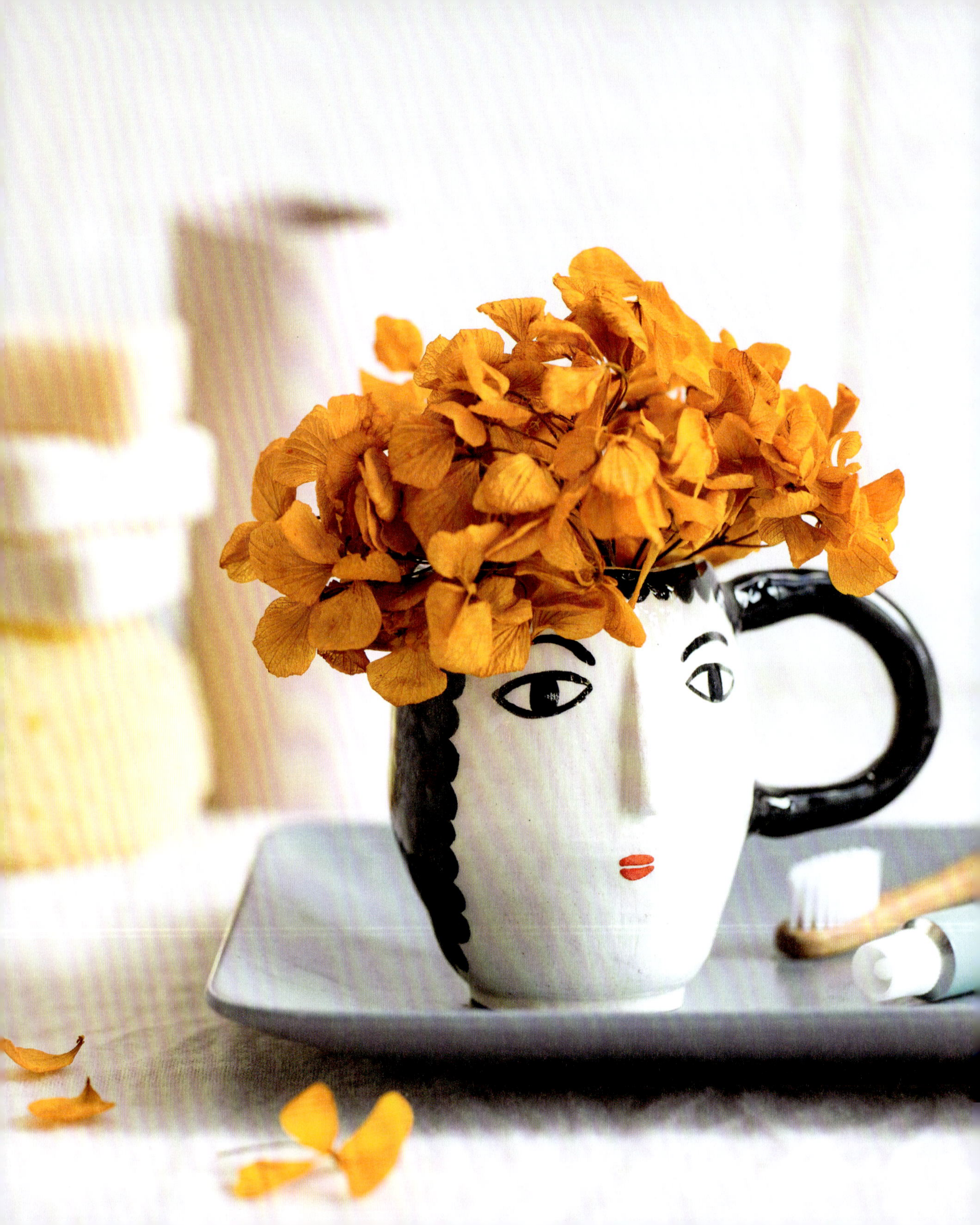

Fürs Bad

BECHER FÜR ZAHNBÜRSTEN/PINSEL

TECHNIKEN: AUSHÖHLEN **+** AUSFORMEN

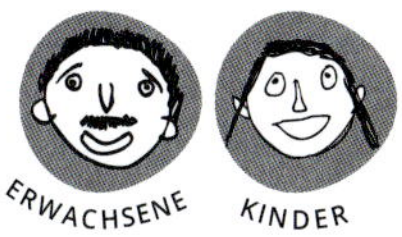

MATERIAL

- 500 g weißer Ton von Créalia
- 1 Modellierschlinge von Créalia
- 1 Ziehklinge von Créalia
- 1 feuchter Schwamm
- 1 Modellierholz
- Engoben, Unterglasurfarben, hier: DUNCAN Covercoat Schwarz und Rosa
- Überglasur
- feiner Pinsel
- 1 Bürste

SO GEHT'S

1 Mit einem Holzspachtel den Ton zu einem ovalen Laib klopfen.

Mit dem Finger oder einem abgerundeten Holzlöffelstiel den Tonklumpen aushöhlen, aber den Boden nicht durchstechen.

2 Von innen her und von unten nach oben mit den Fingern drücken und ausbeulen, um den Ton weiter zu modellieren und auszuformen.

3 Sobald eine gleichmäßige Wandstärke erreicht ist (etwas weniger als 0,5 cm), den oberen Rand des Bechers glatt abschneiden und mit einem Schwamm abwischen.

4 Für den Henkel einen ca. 12 cm langen und mindestens 1 cm dicken Tonwulst formen.

Die zwei Stellen am Becher, wo der Henkel angebracht wird, und die zwei Enden des Henkels riffeln, die vier Kontaktflächen mit Schlicker bestreichen, dann ankleben.

Ein dünnes kleines Tonröllchen formen, um dieses in der Fuge zwischen Henkel und Becher anzubringen. Die Kontaktfläche rund um den Henkel mit Schlicker bestreichen, das Tonröllchen wie einen Ring um den Henkel legen und mit dem Modellierholz verstreichen, bis es nahtlos in den Untergrund übergeht.

Jetzt mit der gleichen Technik eine ca. 3 cm lange, vormodellierte Nase an der Vorderseite des Bechers befestigen.

Überall sehr vorsichtig mit dem Schwamm abtupfen.

5 Mit einem feinen Pinsel den Mund rot, die Augen und die Haarkontur schwarz aufmalen, dann mit einem dickeren Pinsel oder einem Bürstchen ausmalen.

6 Eine Woche trocknen lassen, dann schrühen (Vorbrand).

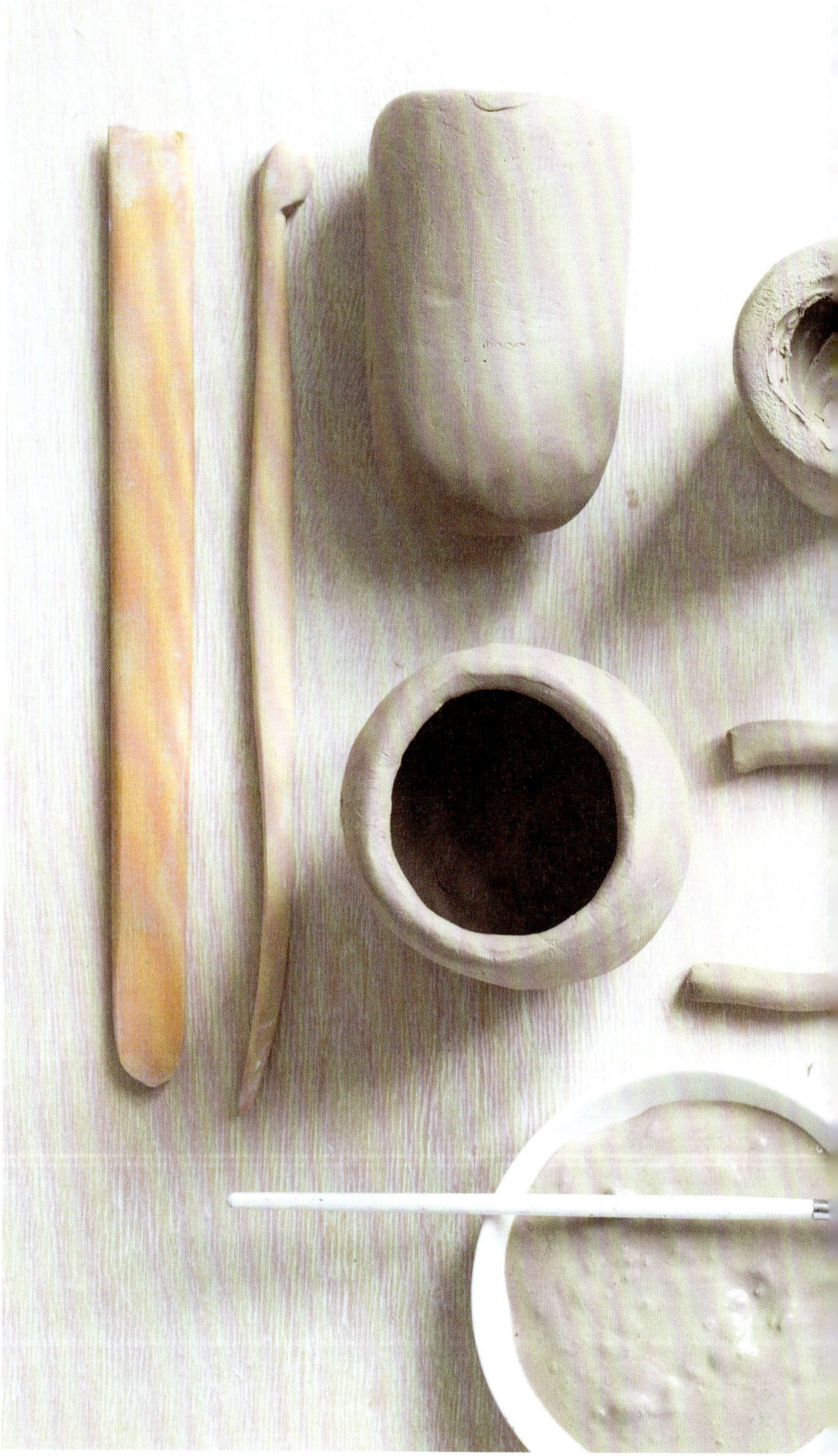

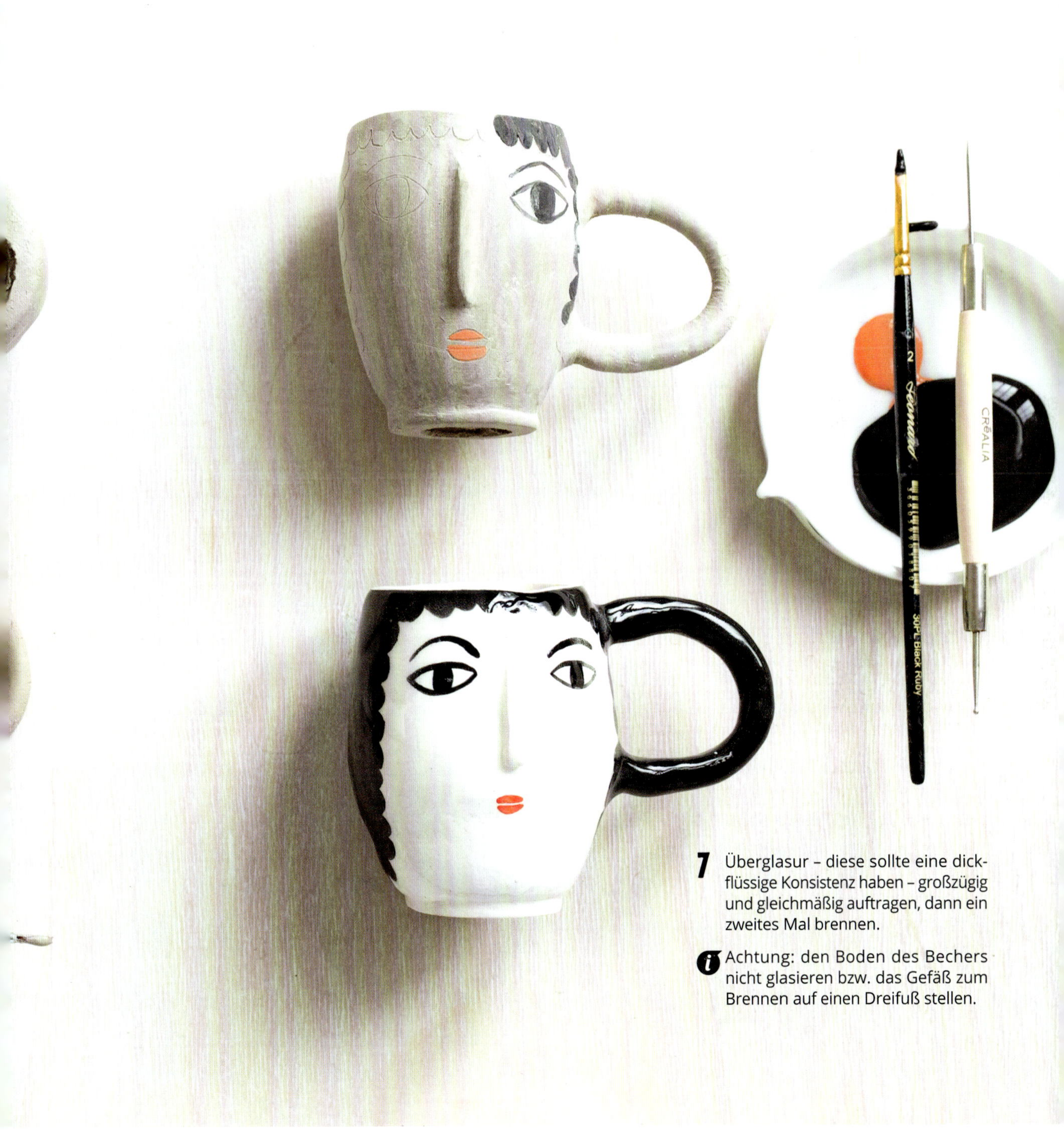

7 Überglasur – diese sollte eine dickflüssige Konsistenz haben – großzügig und gleichmäßig auftragen, dann ein zweites Mal brennen.

i Achtung: den Boden des Bechers nicht glasieren bzw. das Gefäß zum Brennen auf einen Dreifuß stellen.

Fürs Bad

GEFLOCHTENE SCHÄLCHEN

TECHNIK: EINFORMEN

ERWACHSENE KINDER

MATERIAL

- 500 g weißer Ton von Créalia für ein mittelgroßes Schälchen, halbe Menge für das kleine Schälchen
- Engobe, Unterglasurfarbe, hier: DUNCAN Covercoat EZ012 Cobalt Jet Black (Kobaltschwarz)
- 1 Modelliermesser
- Tonschlicker + 1 Pinsel
- 1 Lineal
- 2 Holzleisten in einer Stärke von 0,5/0,6 cm
- Zeitungspapier
- 1 flache Schale
- 1 Schale mit 17 cm Durchmesser als Schablone
- 1 Schwamm
- 1 Sprühflasche

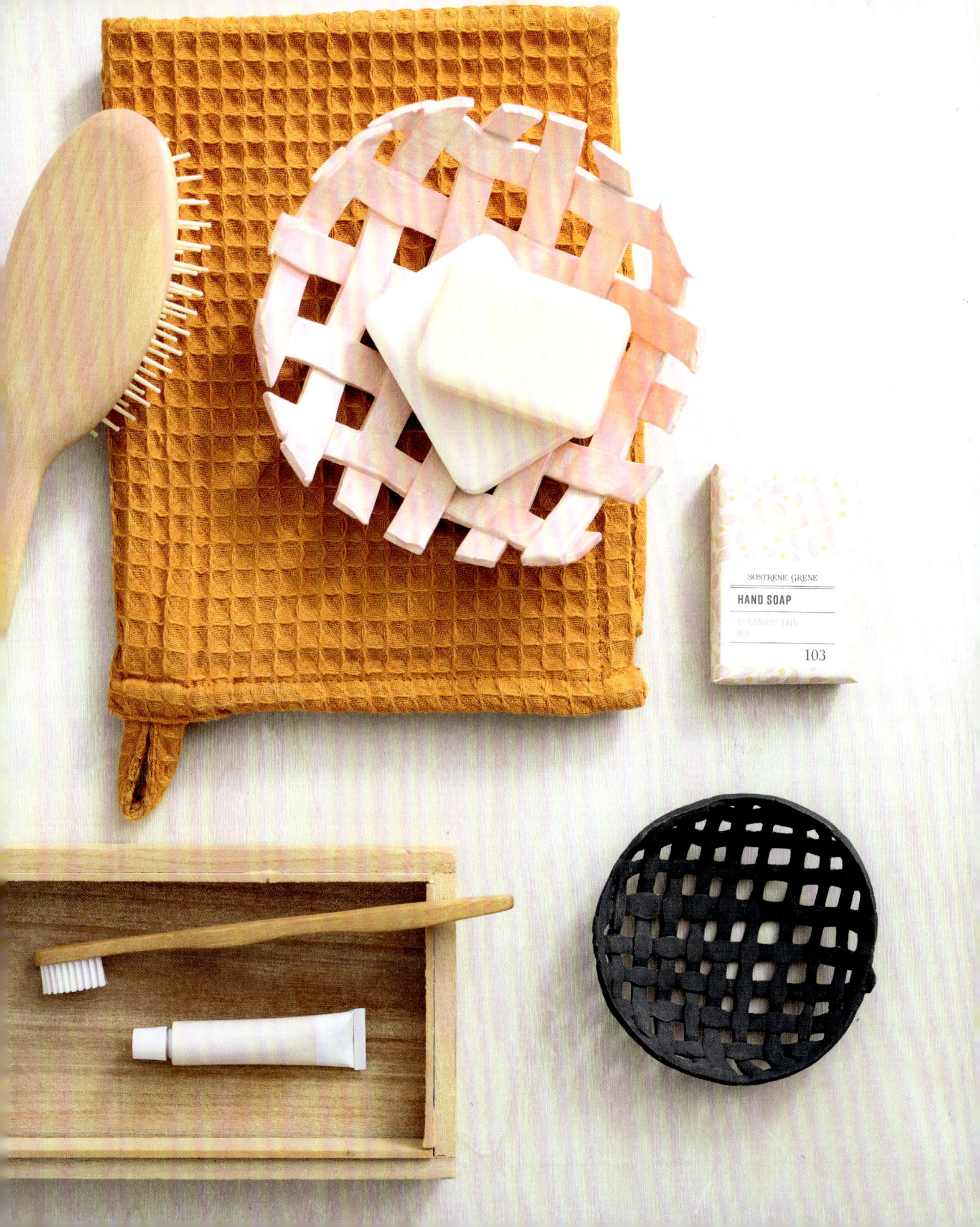
SØSTRENE GRENE
HAND SOAP
GERANIUM RAIN
103

SO GEHT'S

1 Holzleisten zu beiden Seiten der Arbeitsfläche auslegen; der Abstand sollte schmäler sein als das Rundholz.

Den Ton mittig positionieren, mit dem Rundholz ausrollen und dabei die Tonplatte regelmäßig um eine Vierteldrehung weiterdrehen. Die Holzleisten dienen dazu, eine gleichmäßig dicke Tonplatte zu erhalten.

2 Die Schüssel, die als Schablone dient, mit der Öffnung nach unten auf die Tonplatte stellen, entlang der Schüssel eine runde Scheibe ausschneiden, den überschüssigen Ton und die Schüssel entfernen.

3 Das Ganze für das zweite Schälchen wiederholen.

4 Die Tonscheibe mit Lineal und Modelliermesser in 1,5 cm breite Streifen schneiden; mit einem feuchten Schwamm betupfen. Für die zweite Schale in gleicher Weise vorgehen.

5 Jeden zweiten Streifen der Scheibe wegnehmen und jeweils in der gleichen Reihenfolge nebeneinander zur Seite legen.

6 Es empfiehlt sich, direkt auf Zeitungspapier zu flechten. Jeweils den mittleren Streifen nehmen; diese beiden Streifen kreuzförmig auslegen. Dann jeweils weitere Streifen nehmen und diese über- und unterflechten, dabei auf die richtige Reihenfolge achten.

7 Wenn das Geflecht fertig ist, eine etwas kleinere Schüssel mit der Öffnung nach unten auflegen und die Ränder entlang der Schüssel sauber zurechtschneiden.

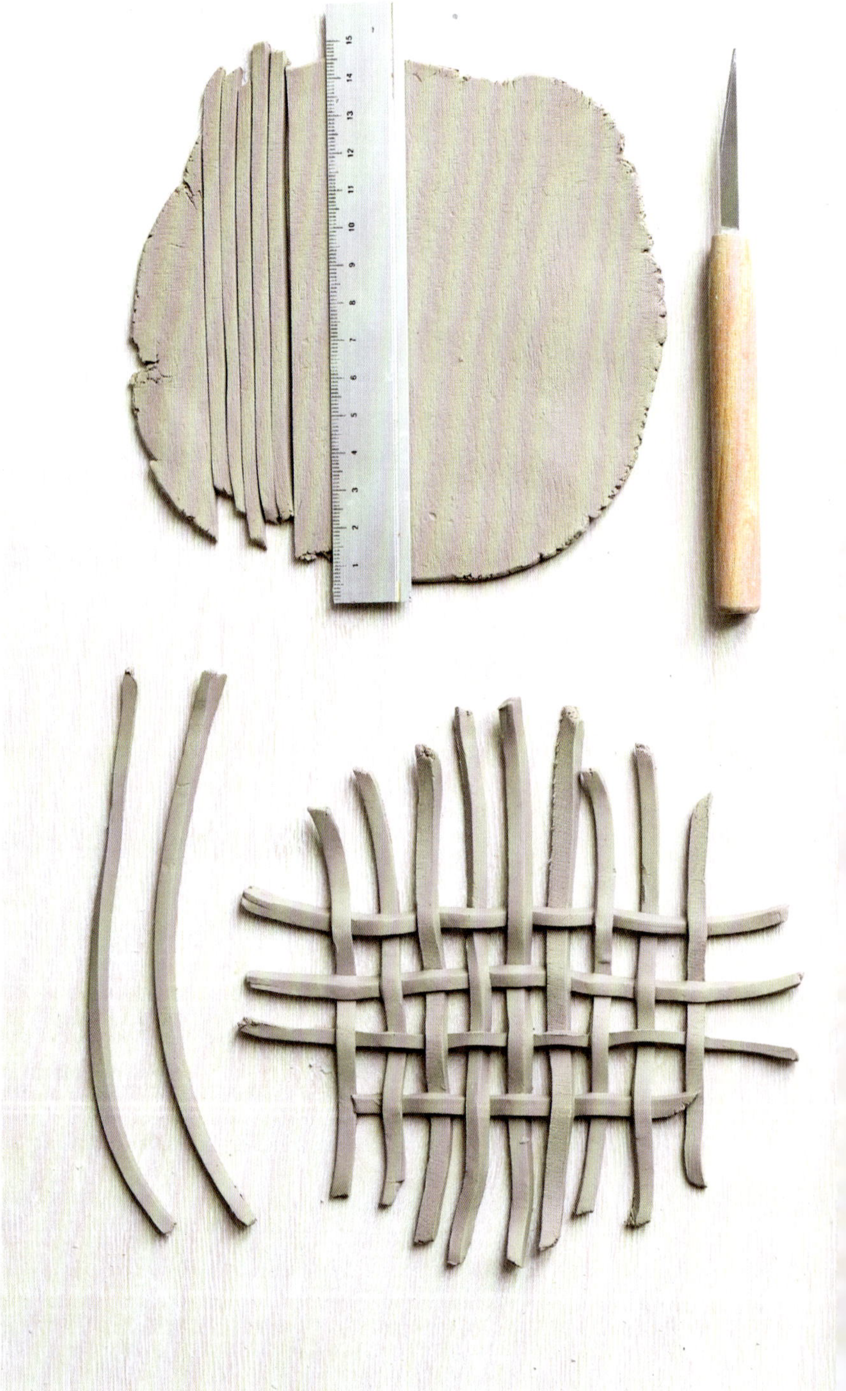

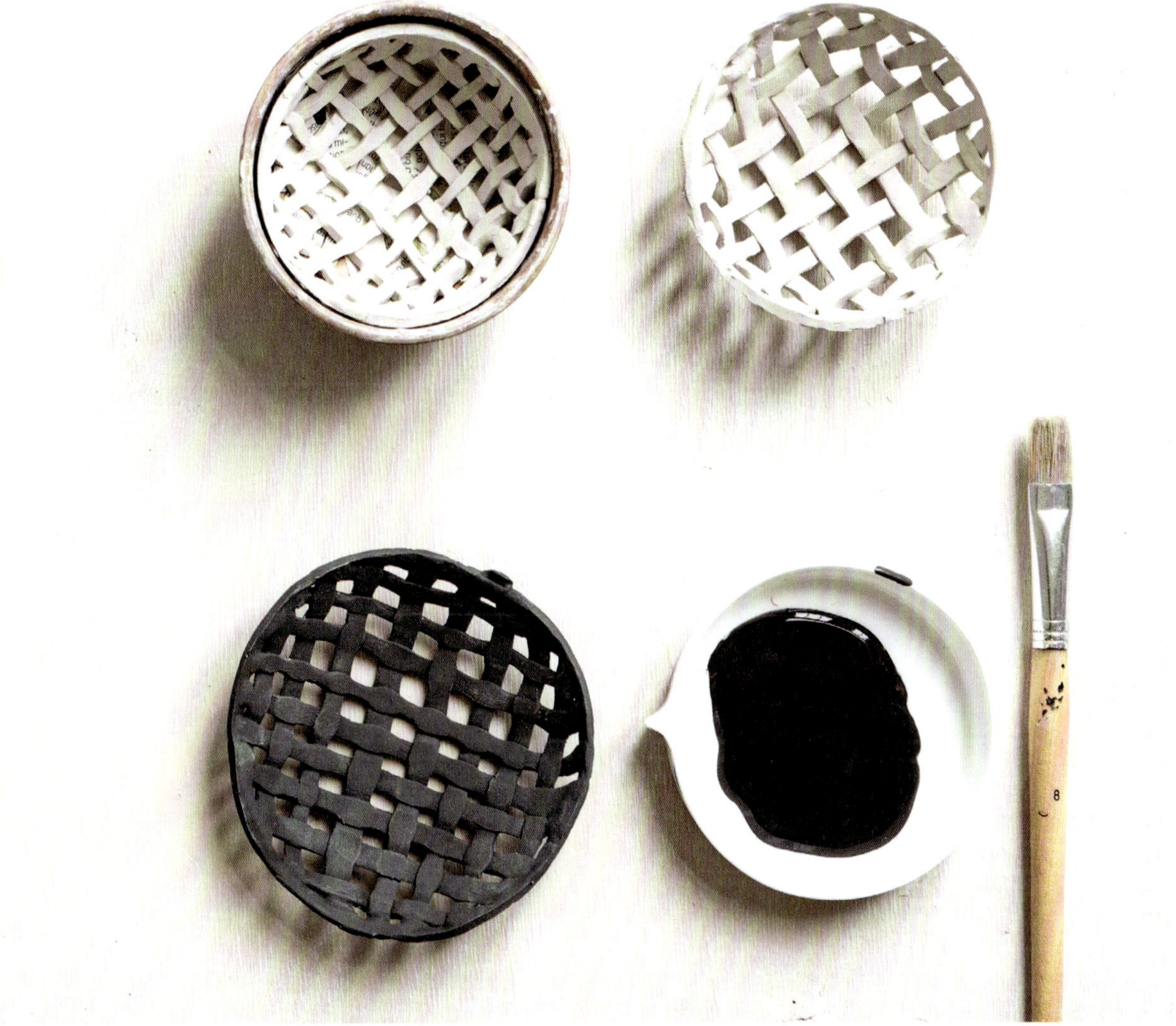

8 Das Geflecht mitsamt der Zeitung auf eine Holzplatte ziehen. Eine flache Schale mit angefeuchtetem Zeitungspapier auskleiden. Diese dient als Formschale und wird mit der Öffnung nach unten auf der Holzplatte über dem Geflecht platziert. Das Ganze nun stürzen, sodass das Geflecht in die Schale gleitet. Das Zeitungspapier abziehen, wenn es sich nicht schon von selbst abgelöst hat.

Mit einem Pinsel Tonschlicker an den Stellen auftragen, wo sich die Tonstreifen kreuzen. Ca. eine Woche trocknen lassen. Vorsichtig aus der Formschale lösen, engobieren oder weiß belassen (was das Bruchrisiko minimiert).

Das Werkstück äußerst vorsichtig in den Brennofen stellen, dabei die Entfernung zum Ofen möglichst gering halten, um das Geflecht so kurz wie möglich in Händen zu halten; auf die Brennplatte stellen und nicht vergessen, die Formschale wegzunehmen.

Das Werkstück schrühen (Vorbrand). Wenn es kalt ist, glasieren; dann ein zweites Mal brennen.

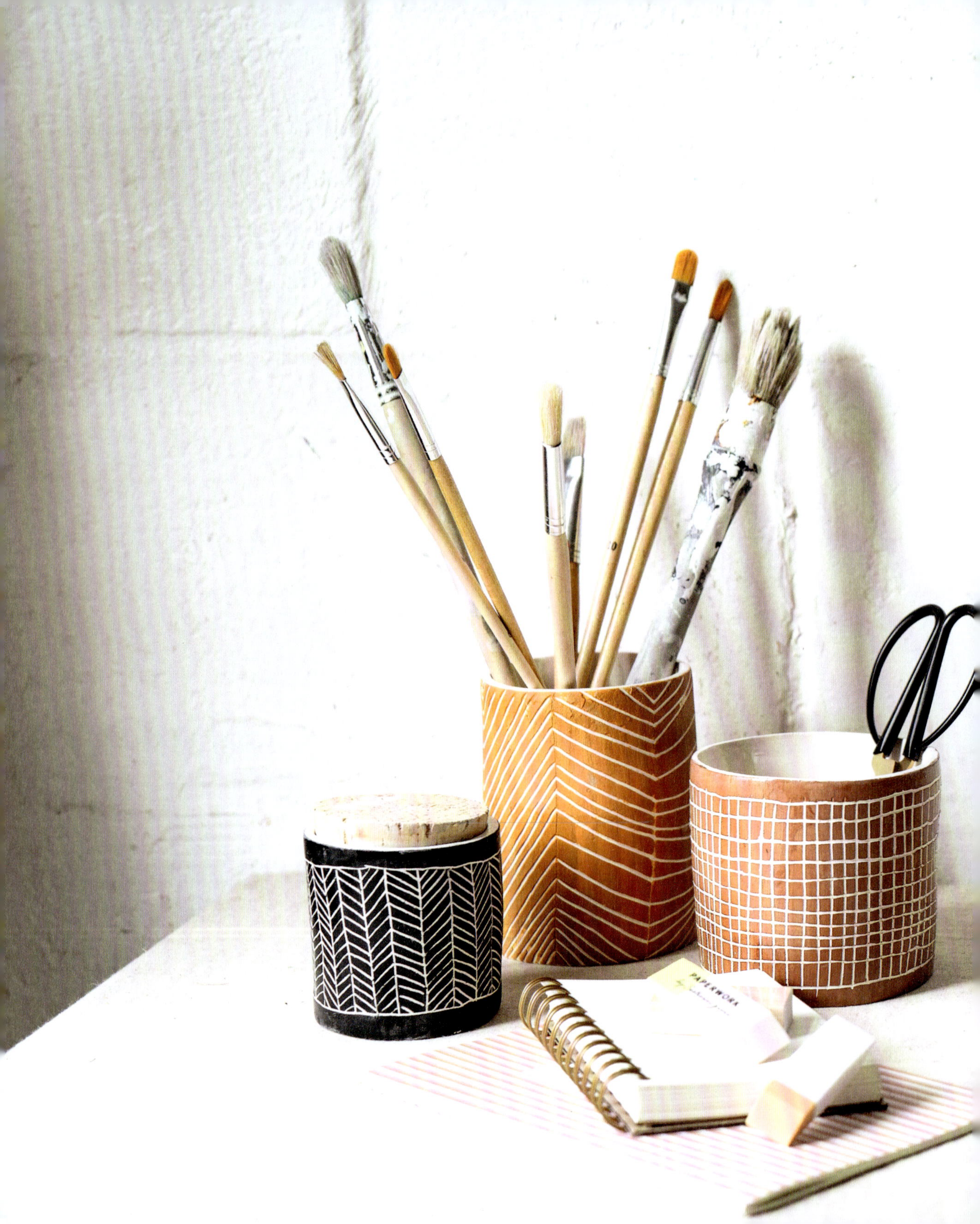
PAPERWORK

OBJEKTE FÜRS Büro

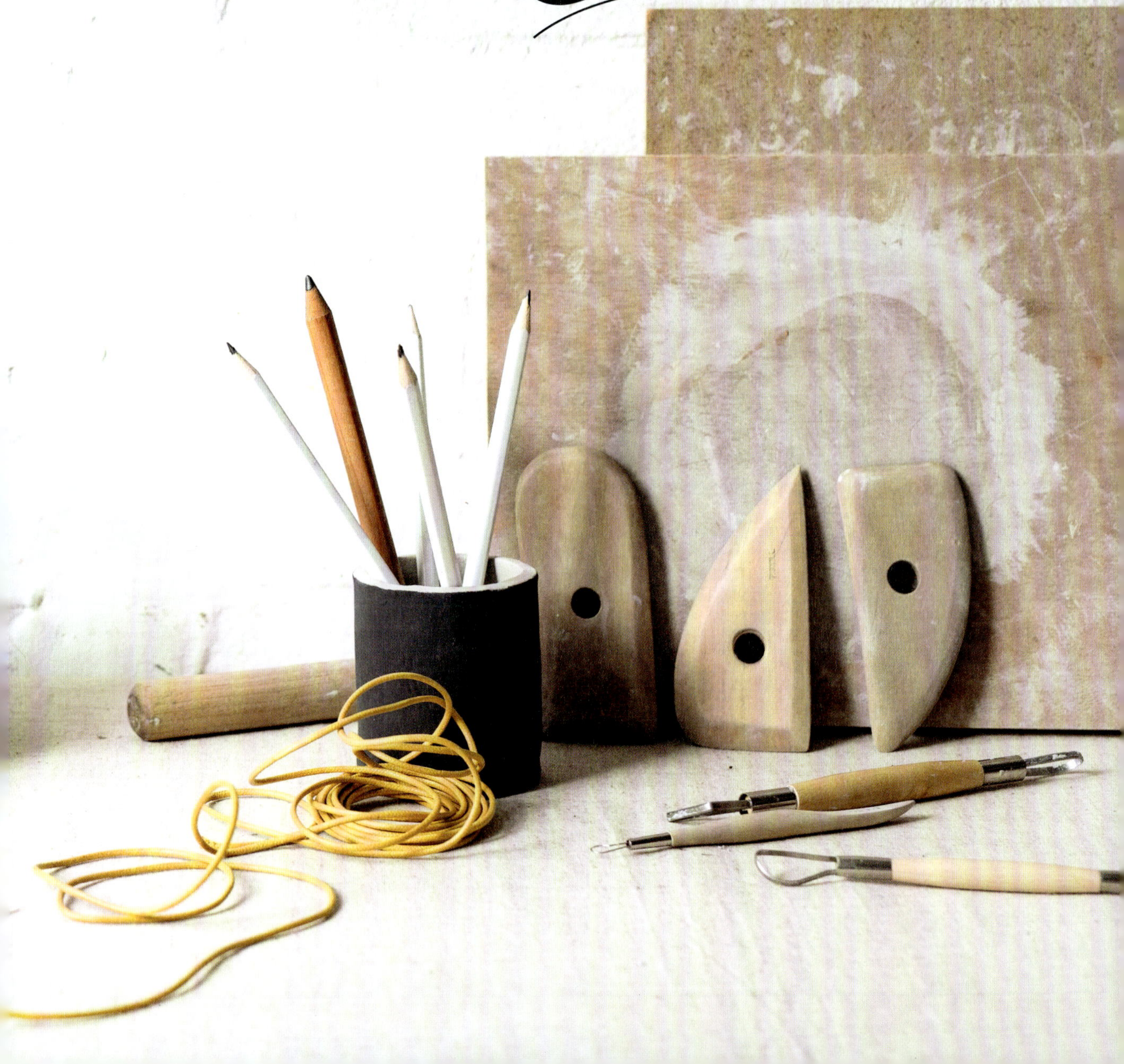

Fürs Büro

DEKORATIVES MOBILE

TECHNIK: PLATTE

ERWACHSENE KINDER

MATERIAL

- 500 g selbst härtender Naturton von Créalia, Farbe nach Wahl, hier: Weiß und Schwarz
- 1 Lineal
- Verschlusskappen oder runde Ausstechformen, mit 2, 4 und 5 cm Durchmesser
- 1 feuchter Schwamm
- 1 Modelliermesser
- 2 Holzleisten in einer Stärke von 0,5/0,6 cm
- 1 Rundholz
- 1 Grillspieß
- 2 Holzfaserplatten
- Zeitungspapier
- Schleifpapier
- Pinsel für Acryl- und Gouachefarben + Lack
- Faden
- 1 Ast

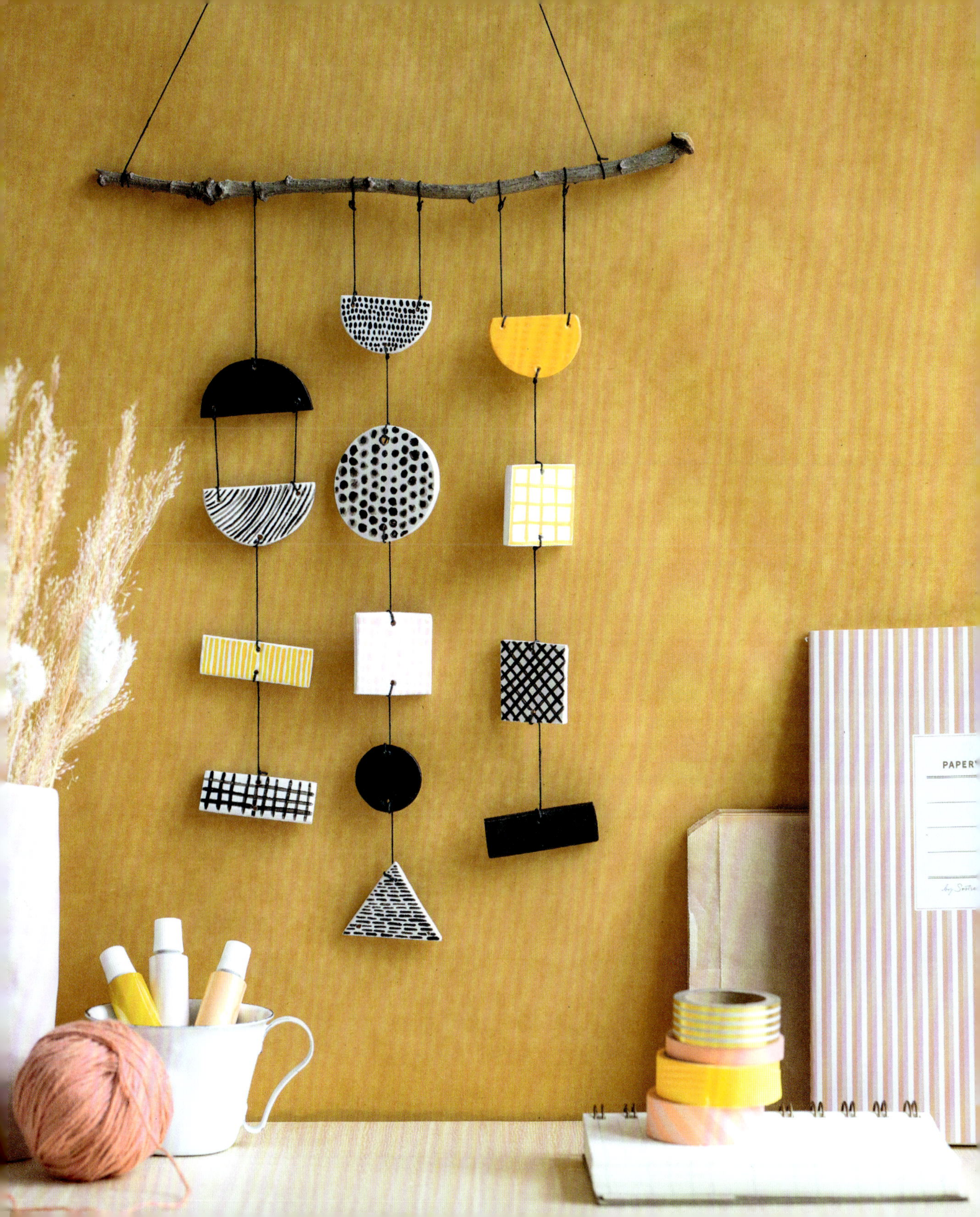
PAPER

SO GEHT'S

1 Holzleisten zu beiden Seiten der Arbeitsfläche auslegen; der Abstand sollte schmäler sein als das Rundholz.

Den Ton mittig positionieren, mit dem Rundholz ausrollen und dabei die Tonplatte regelmäßig um eine Vierteldrehung weiterdrehen. Die Holzleisten dienen dazu, eine gleichmäßig dicke Tonplatte zu erhalten.

2 Kleine, mittelgroße und große Kreise (5 cm Durchmesser) ausschneiden und Letztere halbieren, um Halbkreise zu erhalten; Rechtecke (5 x 1,5 cm), Quadrate (3,5 x 3,5 cm) und gleichseitige Dreiecke (4 und 5 cm) ausschneiden.

Mit dem Spieß Löcher stechen, mit einem feuchten Schwamm abtupfen, dann zwischen 2 Holzfaserplatten 24 bis 48 Stunden trocknen lassen.

3 Sobald die Formen trocken sind, die Oberflächen und Kanten, falls nötig, leicht glatt schleifen.

4 Die Formen nach Belieben anordnen, dann jedes Stück entweder nach eigenen Vorstellungen oder wie abgebildet mit verschiedenen Farben und Mustern (Punkten, Tupfen, Linien, Streifen, Karomustern, Schraffuren etc.) bemalen. Trocknen lassen.

5 Drei 1 m lange Fäden abschneiden, diese am Ast, der als Aufhängung dient, festknüpfen, dann Stück für Stück einfädeln und jeweils hinter dem Loch verknoten.

6 An beiden Enden des Asts einen Faden anbringen, in gewünschter Höhe verknoten, um das Mobile an der Wand zu befestigen.

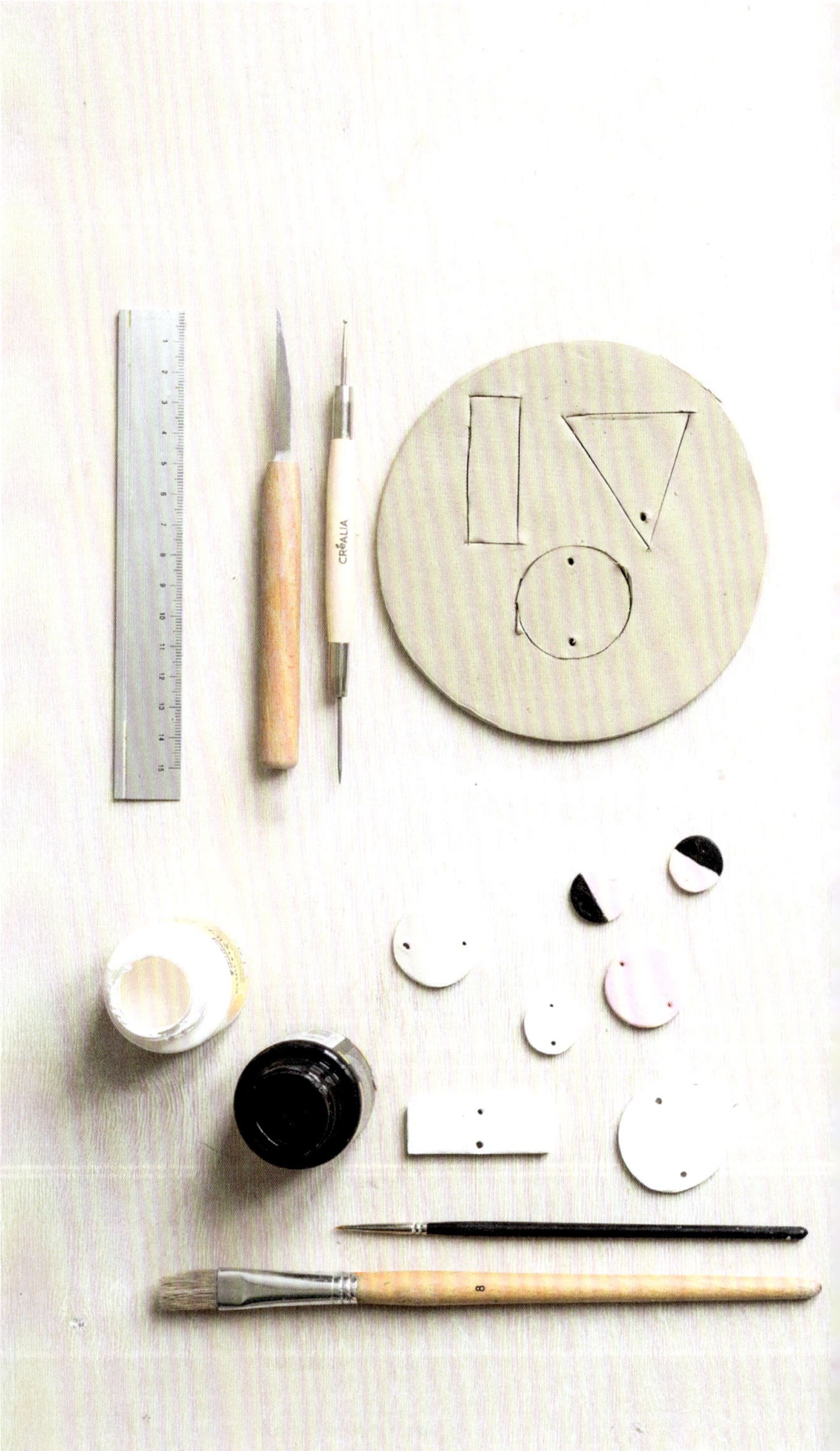

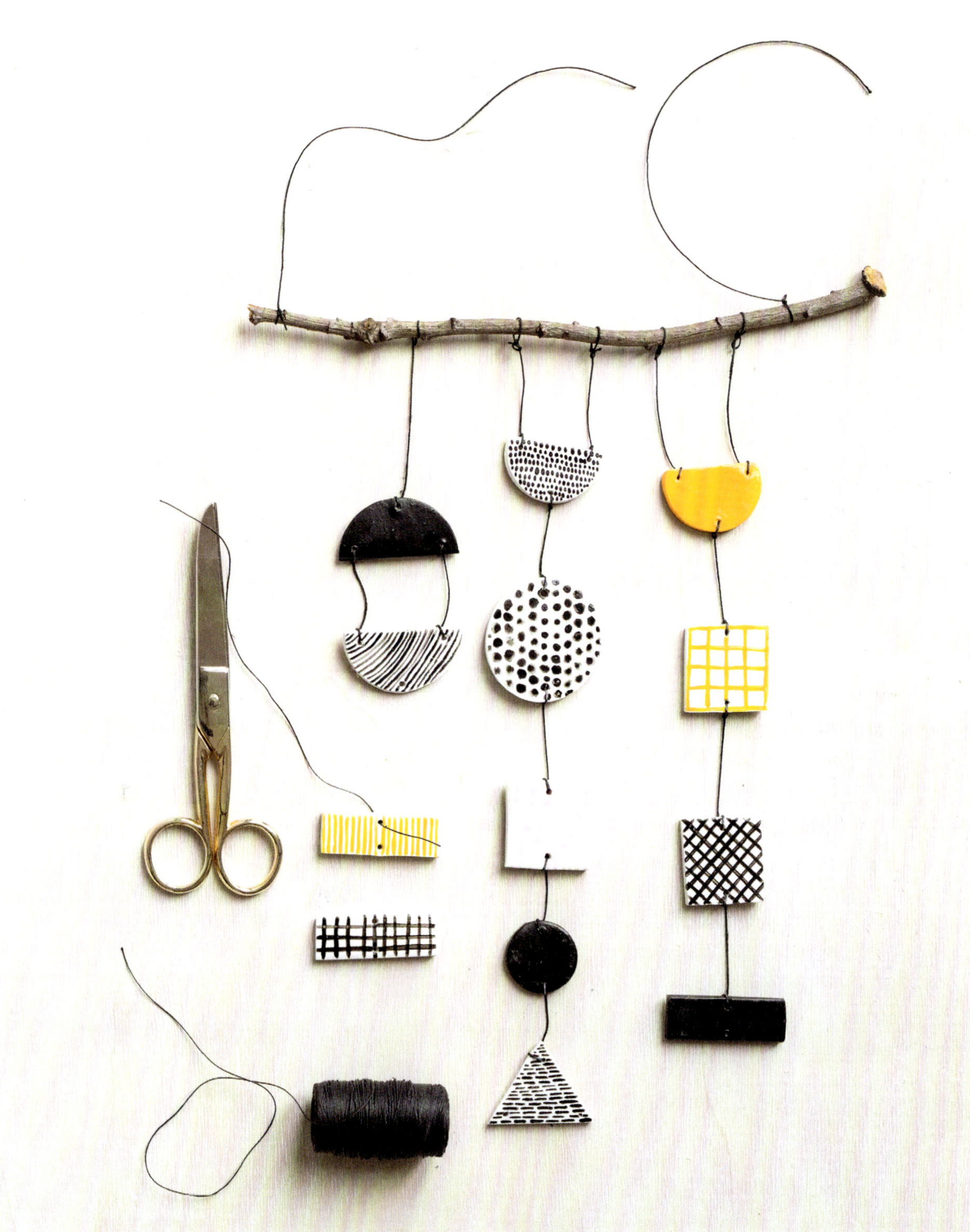

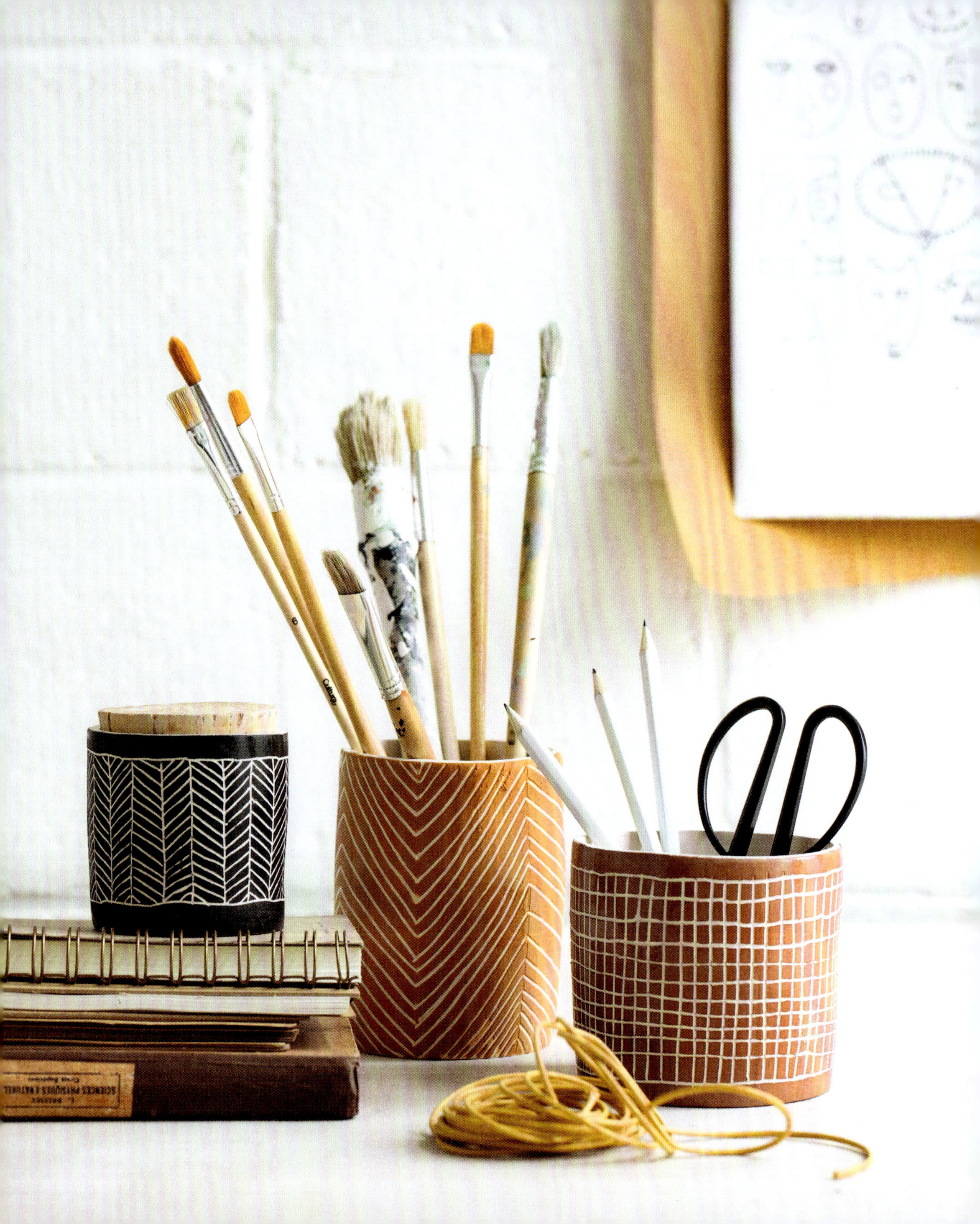

Fürs Büro

STIFTE-KÖCHER

TECHNIKEN: PLATTE **+** SGRAFFITO-DEKOR (KRATZMUSTER)

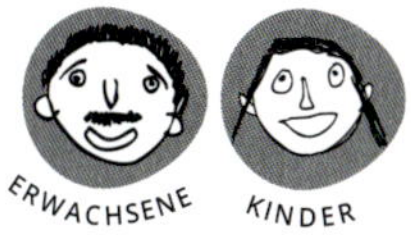

MATERIAL

- ca. 500 g weißer Ton von Créalia pro Köcher
- Engobe, Unterglasurfarbe, hier: DUNCAN Covercoat EZ012 Cobalt Jet Black (Kobaltschwarz) für den kleinen Köcher
- 1 Modelliermesser
- 1 Kreis mit 7,5 cm Durchmesser oder ein wenig größer
- Tonschlicker und 1 Pinsel
- 1 Modellierholz von Créalia
- 1 Lineal
- 2 Holzleisten in einer Stärke von 0,5/0,6 cm
- 1 Hohlmeißel oder 1 dreieckige Modellierschlinge
- 1 Ziehklinge
- 1 Schwamm
- 1 Bürste

SO GEHT'S

1 Holzleisten zu beiden Seiten der Arbeitsfläche auslegen; der Abstand sollte schmäler sein als das Rundholz.

Den Ton mittig positionieren, mit dem Rundholz ausrollen und dabei die Tonplatte regelmäßig um eine Vierteldrehung weiterdrehen. Die Holzleisten dienen dazu, eine gleichmäßig dicke Tonplatte zu erhalten.

2 Ein Rechteck (25 x 8 cm) sowie eine Scheibe (Durchmesser 7,5 cm) ausschneiden.

3 Die zwei 8 cm langen Kanten des Rechtecks mit dem Modelliermesser riffeln, dann die Kanten mit Schlicker bepinseln.

4 Das Rechteck zu einem Zylinder biegen, dieser sollte einen festen Stand haben. Dann die Kanten fest aneinanderdrücken, bis sie zusammenkleben.

5 Die Nahtstelle versiegeln, indem man ein dünnes Tonröllchen formt und dieses an der Außenseite des Gefäßes entlang der Nahtstelle anbringt. Mit horizontal geführtem Modellierholz verstreichen, um eine perfekte Verbindung zu erhalten.

Auf der Innenseite des Gefäßes auf die gleiche Weise vorgehen.

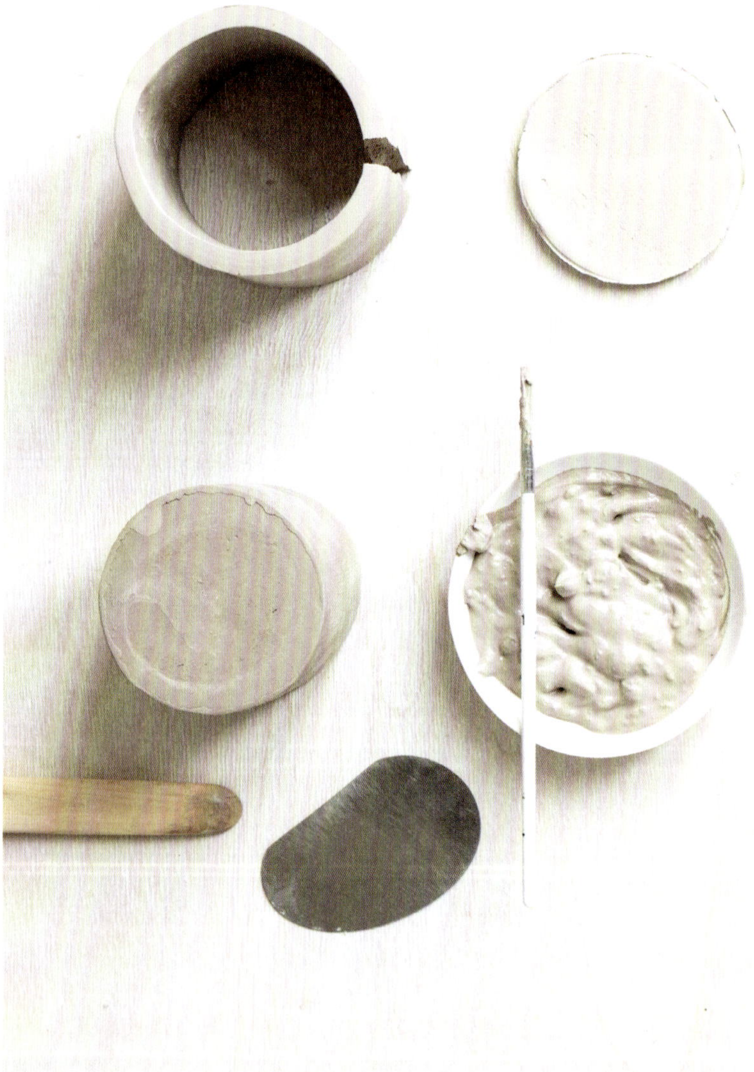

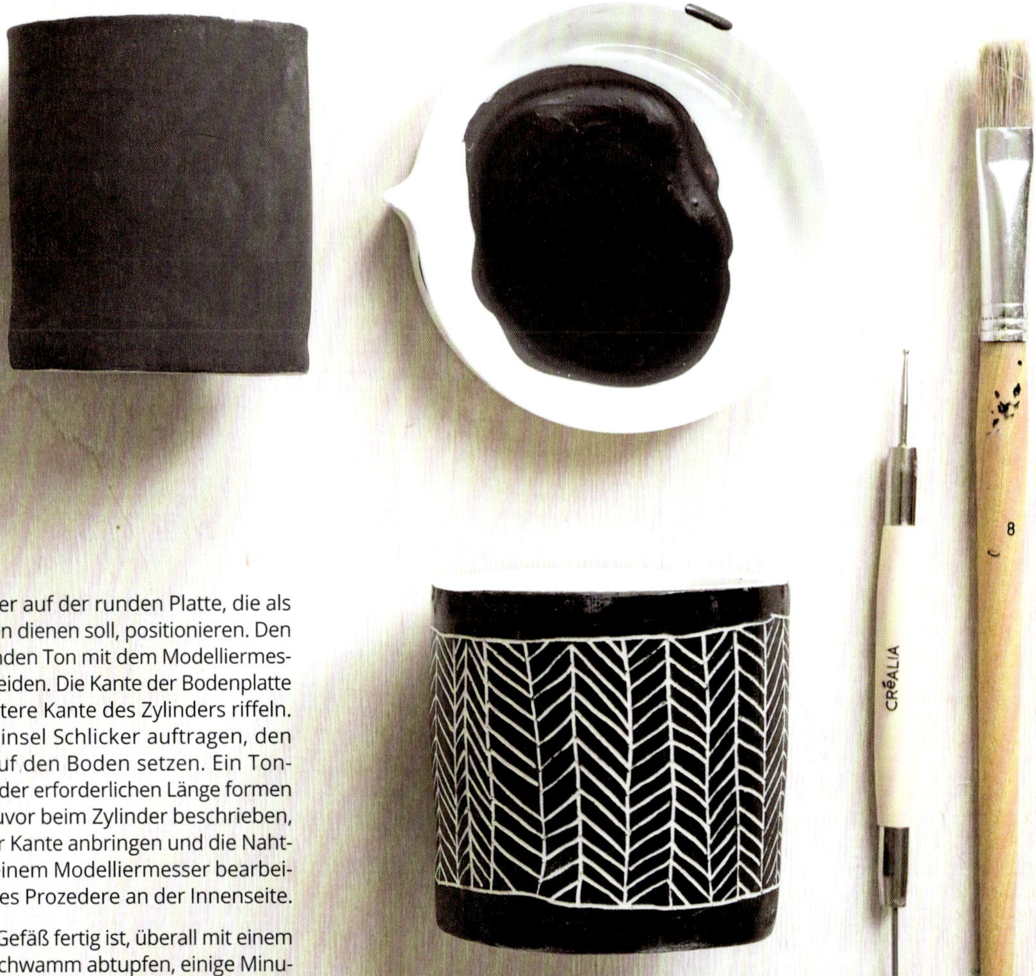

6 Den Zylinder auf der runden Platte, die als Gefäßboden dienen soll, positionieren. Den überstehenden Ton mit dem Modelliermesser abschneiden. Die Kante der Bodenplatte und die untere Kante des Zylinders riffeln. Mit dem Pinsel Schlicker auftragen, den Zylinder auf den Boden setzen. Ein Tonröllchen in der erforderlichen Länge formen und, wie zuvor beim Zylinder beschrieben, entlang der Kante anbringen und die Nahtstelle mit einem Modelliermesser bearbeiten. Gleiches Prozedere an der Innenseite.

7 Wenn das Gefäß fertig ist, überall mit einem feuchten Schwamm abtupfen, einige Minuten trocknen lassen, dann mit einem Bürstenpinsel engobieren.

8 Mit einem Spieß in 1 cm Abstand zum Gefäßboden eine Linie punktieren, dann mit Modellierschlinge oder Holzmeißel senkrechte Linien mit jeweils 1 cm Abstand kratzen. Zum Schluss rechts und links der senkrechten Linie mit Schrägstrichen ein Fischgrätmuster ritzen.

9 Eine Woche trocknen lassen, dann schrühen. Glasieren und ein zweites Mal brennen.

Fürs Büro

GEBLÜMTE TELLERCHEN

TECHNIKEN: EINFORMEN UND APPLIZIEREN MIT AUSSTECHFORMEN **+** VERZIEREN DURCH STANZEN

ERWACHSENE

MATERIAL

- 500 g selbst härtender weißer Naturton von Créalia
- 250 g selbst härtender schwarzer Naturton von Créalia
- Ausstecher in Blumenform
- Schleifpapier (mittel- und feinkörnig)
- 1 Modellierholz von Créalia
- 1 Kugelwerkzeug
- 1 Kugelschreiber
- 1 großer und 1 kleiner Strohhalm
- Zeitungspapier
- feuchter Schwamm
- Ausstechformen/Teller
- 2 Holzleisten in einer Stärke von 0,5/0,6 cm
- 1 Rundholz
- 1 Teller

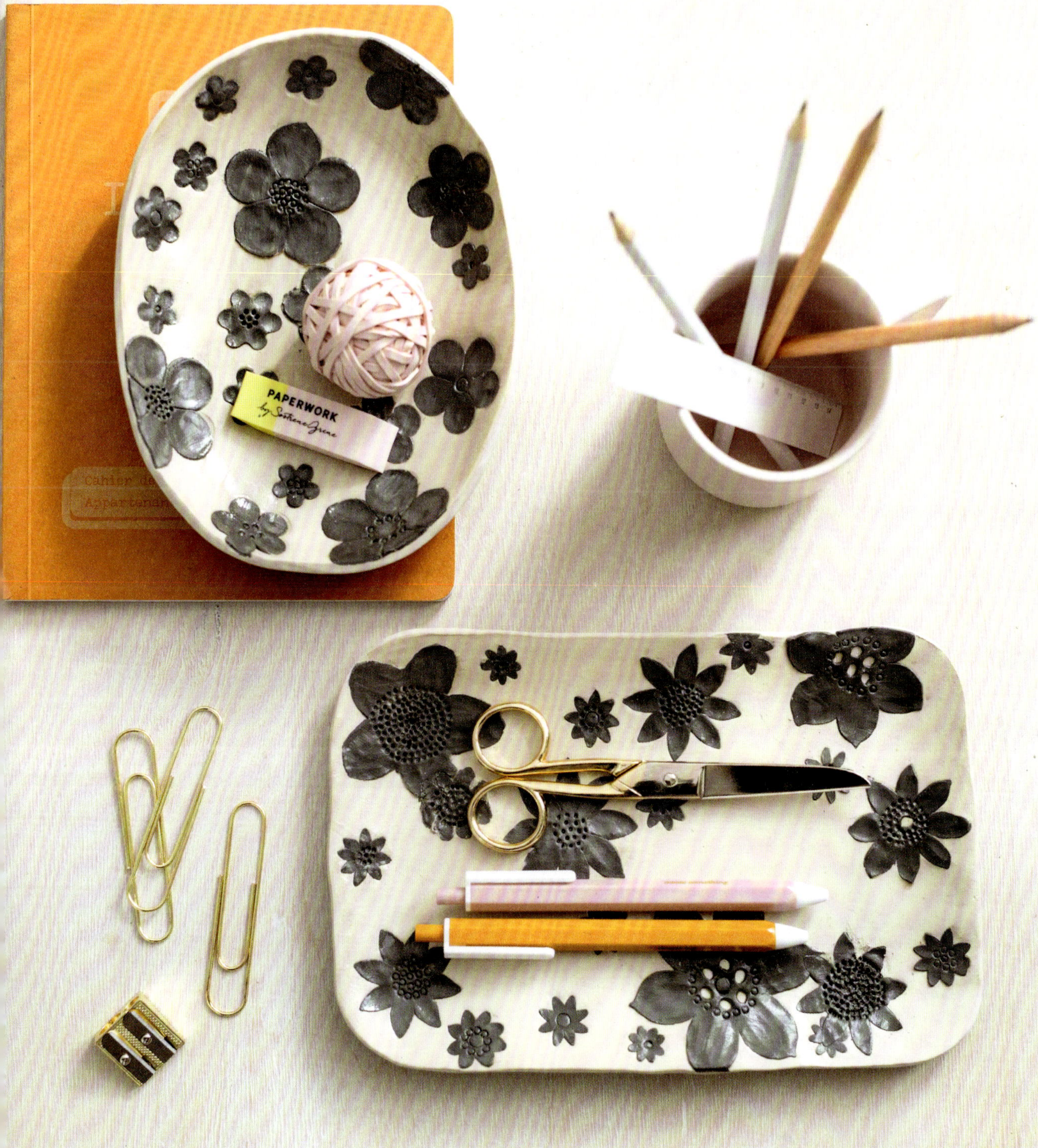
PAPERWORK

SO GEHT'S

1 Holzleisten zu beiden Seiten der Arbeitsfläche auslegen; der Abstand sollte schmäler sein als das Rundholz.

Den Ton mittig positionieren, mit dem Rundholz ausrollen und dabei die Tonplatte regelmäßig um eine Vierteldrehung weiterdrehen. Die Holzleisten dienen dazu, eine gleichmäßig dicke Tonplatte zu erhalten.

Den Teller umgekehrt auflegen, um eine runde Form aus der Platte zu schneiden.

2 Den Teller entfernen, mit einem Schwamm die Oberfläche und die Kante abtupfen.

3 Den schwarzen Ton so fein wie möglich auswalzen, dann mit den Ausstechformen etwa sechs unterschiedlich große Blüten ausstechen.

Mit Strohhalmen oder einer Kugelmine die Blütenmitte anstechen und mit Mustern versehen.

Die Unterseite der Blüten mit etwas Wasser bepinseln, damit sie auf der weißen Tonplatte haften bleiben. Ankleben. Einige sollten etwas überstehen, um das Motiv harmonisch zu entzerren.

Die Blüten mit dem Kugelwerkzeug gegen die Platte drücken, damit sie gut ankleben.

Die überstehenden Blütenteile mit einem Messer abschneiden.

4 Den Teller mit angefeuchtetem Zeitungspapier auskleiden, die blumenverzierte Tonplatte darauflegen und leicht hineindrücken, damit sie die Tellerform annimmt.

5 Trocknen lassen. Gegebenenfalls die Unterseite mit Schleifpapier glätten. Danach den Staub mit einem leicht angefeuchteten Schwamm abwischen.

6 Lackieren.

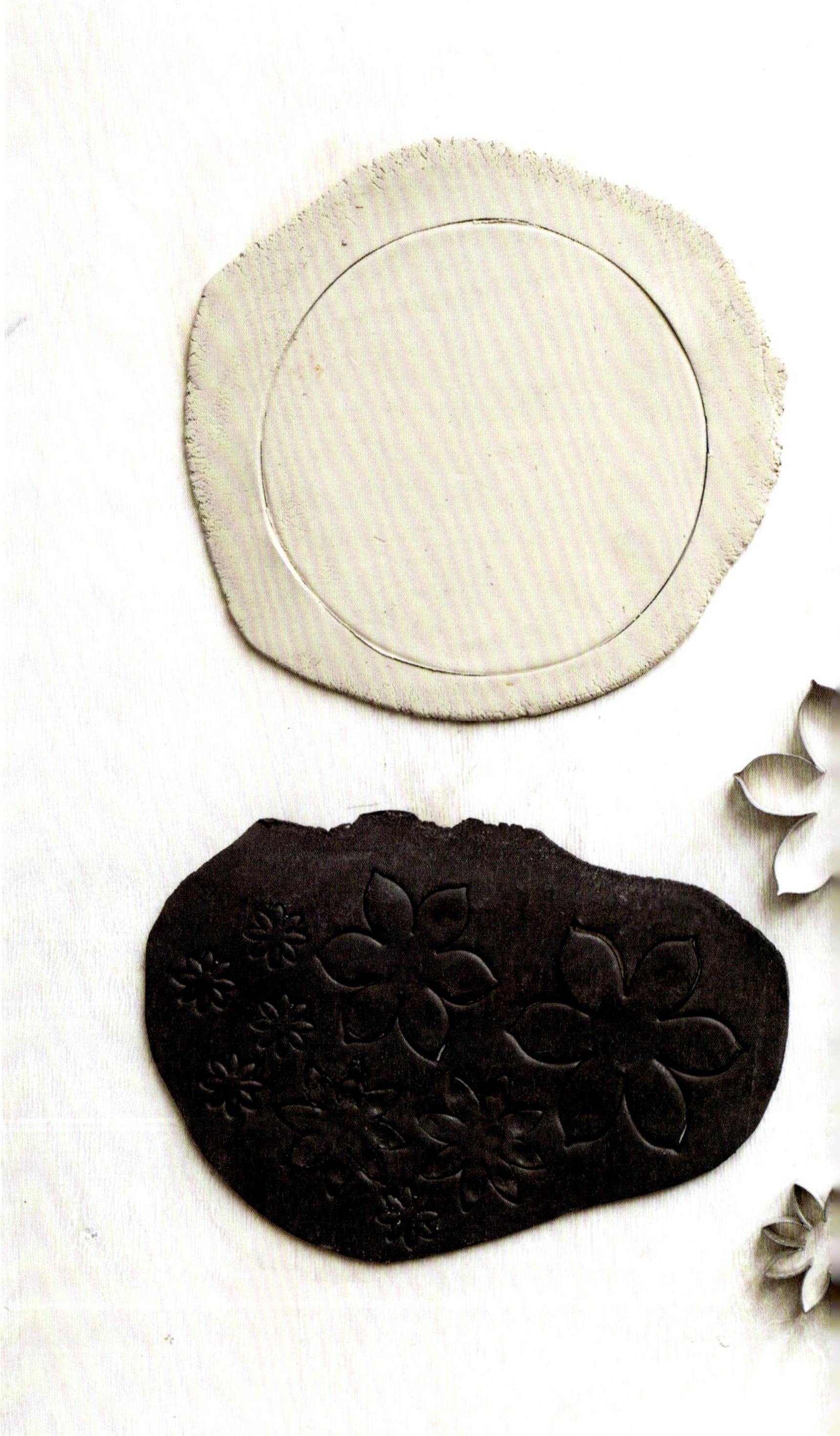

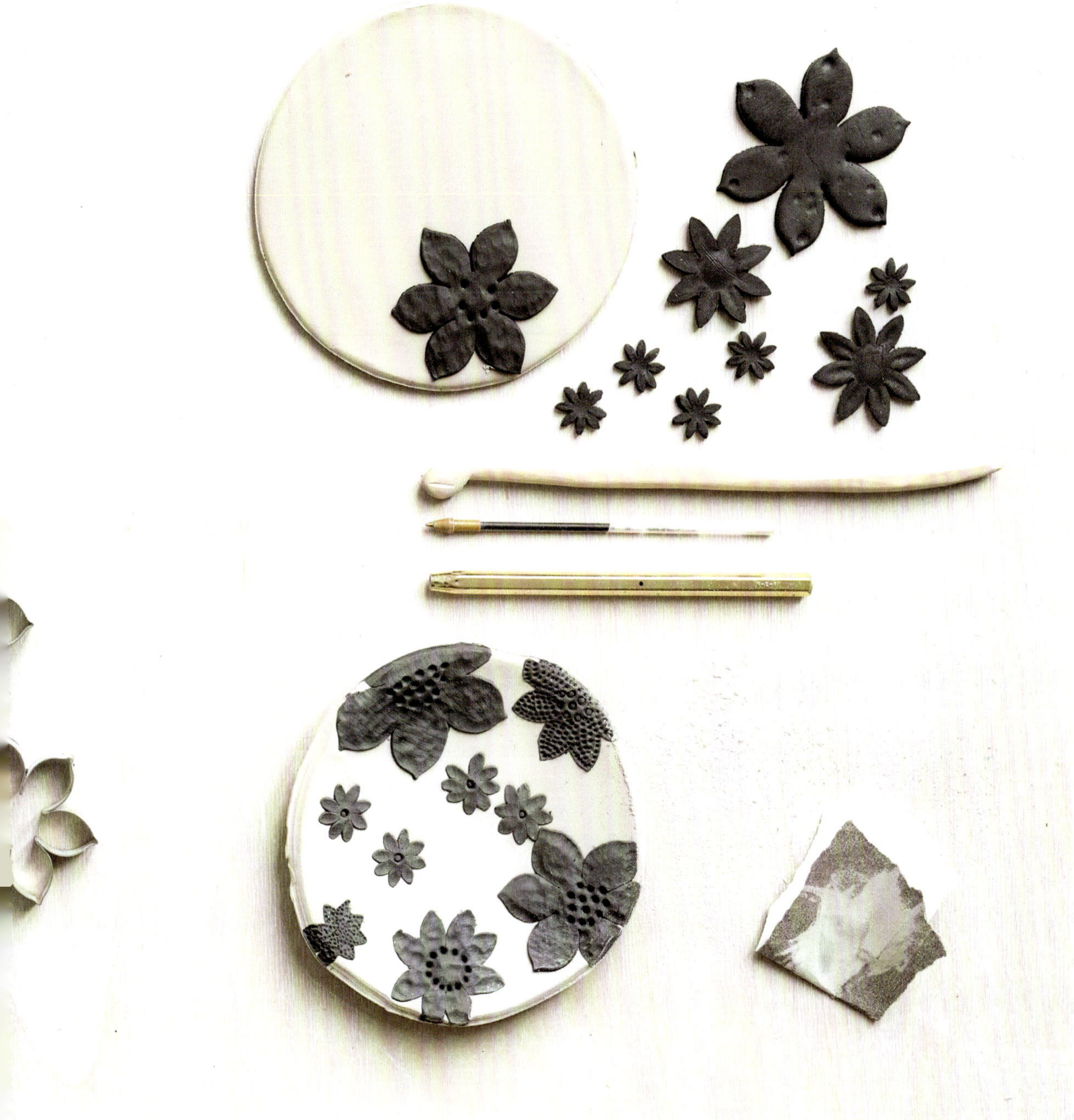

SCHABLONEN

AUF 200 % VERGRÖSSERT VERWENDEN

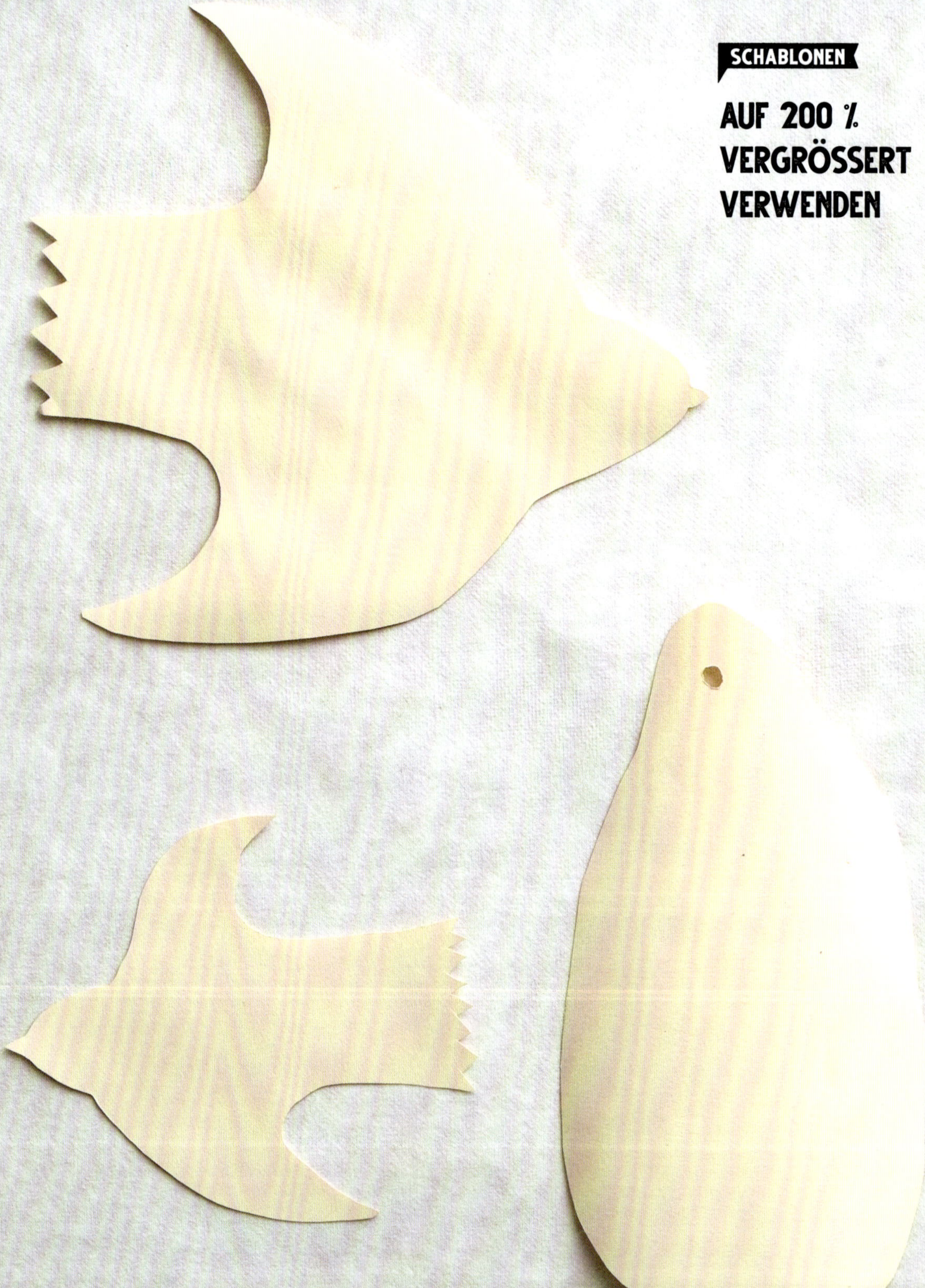

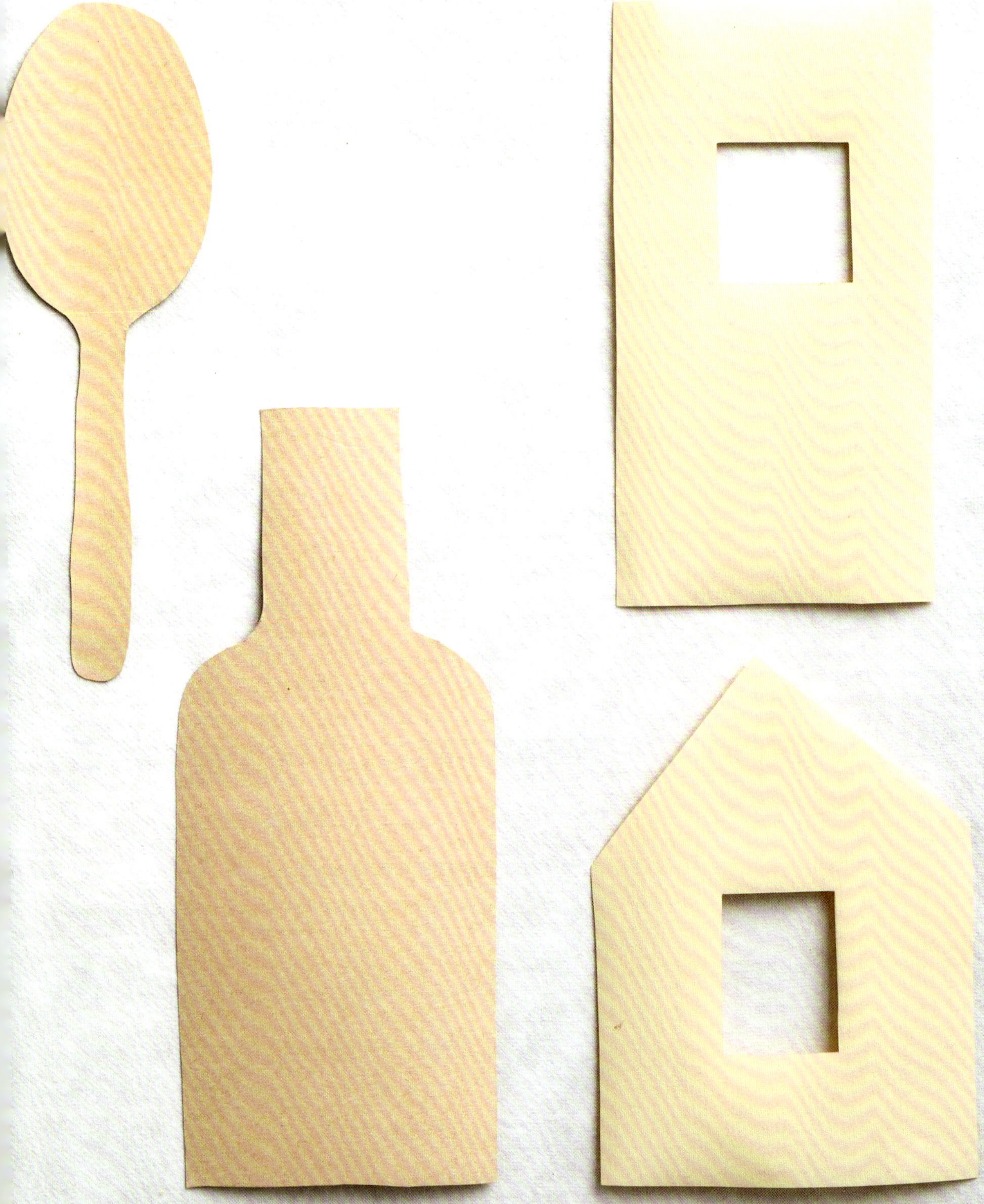

Impressum

Verantwortlich: Claudia Hohdorf
Übersetzung: Karin Weidlich
Lektorat: Beate Martin
Korrektorat: Anke Höhne
Satz: Silke Schüler
Umschlaggestaltung: Leeloo Molnár
Herstellung: Stephanie Schlemmer

Printed in China

★★★★★

Sind Sie mit diesem Titel zufrieden?
Dann würden wir uns über Ihre Weiterempfehlung freuen.
Erzählen Sie es im Freundeskreis, berichten Sie Ihrem Buchhändler oder bewerten Sie bei Onlinekauf. Und wenn Sie Kritik, Korrekturen, Aktualisierungen haben, freuen wir uns über Ihre Nachricht an: Christian Verlag, Postfach 40 02 09, D-80702 München oder per E-Mail an: lektorat@verlagshaus.de.

Unser komplettes Programm finden Sie unter:

www.christophorus-verlag.de

Titel der französischen Originalausgabe »Argile & modelage – 15 objets à réaliser pour la maison«
© 2020 by Editions Marie Claire – Société d'Information et Créations (SIC)
Idee, Umsetzung und Texte: Tania Zaoui
Fotografien: Fabrice Besse
Buchgestaltung: Vania Leroy
Grafikdesign und Layout: Either studio

Die Deutsche Nationalbibliothek verzeichnet diese Publikation in der Deutschen Nationalbibliografie; detaillierte bibliografische Daten sind im Internet über http://dnb.d-nb.de abrufbar.

ISBN 978-3-8388-3784-0

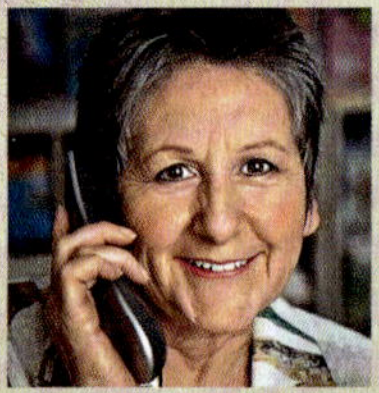

Kreativ-Service

Sie haben Fragen zu den Büchern und Materialien? Frau Erika Noll ist für Sie da und berät Sie rund um alle Kreativthemen. Rufen Sie an! Wir interessieren uns auch für Ihre eigenen Ideen und Anregungen. Sie erreichen Frau Noll per E-Mail: **mail@kreativ-service.info** oder Tel.: **+49 (0) 5052 / 91 18 58**

Besuchen Sie uns im Internet: www.christophorus-verlag.de